木村 元
Gen Kimura

音楽が本になるとき

聴くこと・読むこと・語らうこと

木立の文庫

まえがき

音楽を聴いていて思わず泣きそうになると、「あの人だったらどう感じるだろうか?」と思う。

本を読んでいてむくむくと勇気がわいてきたとき、「あの人にも読んでもらえたら……」と希う。

わたしにとって、音楽を聴いたり本を読んだりすることは、心のなかの誰かとの対話にほかならない。

誰でもいいわけではない。「この曲の良さは、彼にはわかるはずだ」、「この文章の機微に、彼女だったら気づいてくれるだろう」――そんなふうにして、音楽や本は、具体的な個人とセットになって、わたしのなかにところを得る。

しかし、彼/彼女とじっさいに会ったとき、わたしの言語中枢はそのときの感動をうまく言語化してくれない。「いいから聴いてみてよ」「時間があったら読んでみて」と、ことば少なにCDや本を手渡すのが関の山だ。

でも、彼/彼女がその音楽を聴いたり、その本を読んだりしているときの心の動きを、わたしはありありと感じることができる。そのとき、わたしたちは語り合っている。その音楽を、その本をふたりの前に置いて、ことばではできない親密な語らいが始まる。

彼/彼女は、もう会うことのできない過去の人かもしれない。あるいは、これから生まれてくる子どもたちかもしれない。もしかしたら、その音楽をつくった作曲家や、その本を書いた作家だって、語らいに参加することがあるだろう。

創り手と受け手のちがいや、時代をともにしているか否かにかかわりなく、わたしたちの前に置かれた音楽や本は、わたしたちのどんな属性をも取り去って、親密な語らいを始めさせてくれる。

〈音楽/本〉と〈あなた〉と〈わたし〉——この世でもっともリベラルなこの三角形のことを、この本では語っていくことになるだろう。

音楽が本になるとき

目次

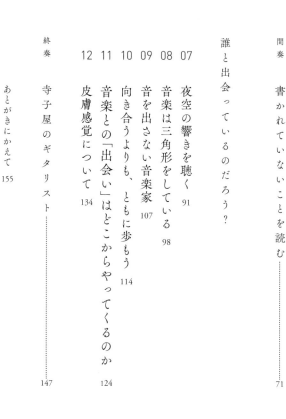

音楽が言葉になる前に

自分が本を読むとき、あるいは原稿を書くとき、たいていは音楽をかけながらのことが多いので、この本を読んでいただくにあたって、なにかＢＧＭ、あるいはサウンドトラックのようなものを共有できたらと思って、つくってみたのが下の〔ＱＲコード〕プレイリストです〔聴くにはSpotifyのダウンロードと登録が必要。無料プランでは曲順がシャッフルされるなどの制限があるようです〕。

もちろん、自分の好きな曲を聴きながら（あるいは音楽など聴かずに）読んでいただいていいんです！　でも、自分が好きな音楽を聴いてもらいたいと思うのは、音楽好きの性《さが》。どうぞお付き合いください〔なお、各篇冒頭ＱＲコードからも聴けますが、演奏家が異なる場合があります〕。

序奏

ローベルト・シューマン
《ミルテの花》作品25より〈献呈〉
マーガレット・プライス（ソプラノ）
ジェイムズ・ロックハート（ピアノ）

▼わたしにとって、もっとも古い音楽の記憶のひとつ。声楽を勉強していた母が父の伴奏で十八番にしていた曲です。「Du（汝）」にたいして「Mein guter Geist, mein bess'res Ich!（ぼくの善き精神、より佳き〈私〉）」と呼びかけるこの曲の結びを聴くと、この本のテーマでもある「自己の複数化」を、ずいぶん昔から意識していたんだなと思わざるをえません。

01 泣くのは恥ずかしい

ヴォルフガング・アマデウス・モーツァルト
クラリネット協奏曲 イ長調 K622 第二楽章
エリック・ヘプリック（クラリネット）
フランス・ブリュッヘン（指揮）
18世紀オーケストラ

▼最初にイアン・ボストリッジの話が出てきますから、彼の歌うリートでもと思いましたが、それはあとにとっておいて、「泣ける音楽」といわれて反射的に思い浮かぶこの曲を選びました。ブリュッヘンのさくさく行く感じが逆に涙腺を刺激するんです。

02 孤独の共同体

デオダ・ド・セヴラック
《ヴァカンスにて 第一集》より
〈シューマンへの祈り〉
アルベール・アトネル（ピアノ）

▼この章の後半、『パリ左岸のピアノ工房』で描かれたリュックの工房には、きっとこんな音楽が流れていたのではないかなと思って、選

んでみました。アトネルというピアニストは'Columna Música'というCDシリーズ（レーベル?）にモンポウ、アルベニス、グラナドスなどを吹き込んでいますが、どれも「孤独の共同体」を立ち上げてくれそうなインティミットな佳作です（ジャケット・デザインもとてもいい）。

03 本のリベラリズム

ギヨーム・ド・マショー

《ミサ・ド・ノートル・ダム》より

〈キリエ・エレイソン〉

ドミニク・ヴェラール（指揮）

アンサンブル・ジル・バンショワ

アンドレアス・ショル（カウンターテナー）

ゲルト・テュルク（テノール）

エマニュエル・ボナルド（バリトン）

ジャック・ボナ（バス）

▼中世ヨーロッパの大学でリベラルアーツの教育が始まったことにちなみ、十三世紀の教会音楽を。あとで出てくる近藤譲の作品ともつながる感情の動きとはまったく無縁なスタティックさが、音楽が数学や天文学などと同列にカテゴライズされていた当時の感覚を彷彿させてくれます。

04 音楽と物語

グスタフ・マーラー

交響曲第三番 ニ短調 第六楽章

ベルナルト・ハイティンク（指揮）

バイエルン放送管弦楽団

▼S氏の交響曲のかわりに、S氏（あるいはゴーストライターのN氏）が下敷きにしたといわれている（本文）いくつかの作曲家の作品から、この曲を。じつはマーラー、ブルックナーあたりは個人的に苦手で、ふだんあまり聴いてな

いので、選ぶのに苦労しましたが、この演奏は気張ってなくて好きです。

05 〈わたし〉が〈わたしたち〉に出会うとき

ザ・ビートルズ
〈アイ・アム・ザ・ウォルラス〉

▼R・D・レイン『結ぼれ』の言語感覚に近いと思うのが、ビートルズ後期のとくにジョン・レノンの楽曲。主体がどんどんずれていくさまが、サイケデリックなサウンドとあいまって、聴くものに目眩《めまい》を起こさせます。

06 音楽は書くもの・読むもの

近藤譲
《トウェイン》
アンサンブル・ラール・プール・ラール

▼これもまた、エモーションの対極にあるような静的な音楽。Spotifyは便利なのですが、ごそっと抜けている音源も多く、近藤譲の作品はこの項を執筆現在、この作品の収録されている『ボンジン』という室内楽曲集しか聴けません。さらに聴きたい方は、ぜひＡＬＭレコード（コジマ録音）からリリースされている諸作を聴いてみてください。

間奏

ドメニコ・スカルラッティ
ソナタ ト長調 K146(L349)
ヴラディーミル・ホロヴィッツ(ピアノ)

▼ホロヴィッツ……なにを選んだらよいかと迷い、シューマンもいいなと思ったのですが、ここはちょっと外してスカルラッティを。「神は細部に宿る」ということばを思い出します。

07 夜空の響きを聴く

フランツ・リスト
《巡礼の年 第三年》より〈エステ荘の噴水〉
辻井伸行(ピアノ)

▼この章では「音」はともかく、音楽への言及がほとんどありませんが、登場するエッセイストの三宮麻由子さんはピアニストでもあります。彼女が情熱を注いでいるフランツ・リストのピアノ曲を、同じく「シーンレス」のピアニスト辻井伸行の演奏で(お茶の間にも大人気のピアニストですが、じつはけっこう好きです)。俳句とクラシック音楽の情景描写、その彼我の違いも楽しんでいただければ。

08 音楽は三角形をしている

エドワード・エルガー
《エニグマ(謎)変奏曲》より〈ニムロド〉
ダニエル・バレンボイム(指揮)
ウェスト=イースタン・ディヴァン管弦楽団

▼バレンボイムとウェスト=イースタン・ディヴァン管弦楽団が、二〇〇五年八月に厳戒体制のパレスティナ自治区ラマラでおこなったコンサートの締めくくりに演奏した曲です。DVDも出ていますし、YouTubeにも映像がアップされていますので、ぜひご覧になってください。

09 音を出さない音楽家

モデスト・ムソルグスキー/モーリス・ラヴェル(編曲)
《展覧会の絵》より〈プロムナード〉〈小人〉
リッカルド・ムーティ(指揮)
フィラデルフィア管弦楽団

▼中学時代のわたしが聴いてぶっ飛んだムーティ×フィラデルフィア管による《展覧会の

絵》から冒頭の二曲を。いまなら、もっとばりばり金管を鳴らすオケや運動性の高いオケはあると思いますが、あの当時はこれ以上の「サウンド」を聴いたことがなかったんですね。

10 向き合うよりも、ともに歩もう

フランツ・シューベルト
《冬の旅》より〈おやすみ〉
イアン・ボストリッジ（テノール）
レイフ・オヴェ・アンスネス（ピアノ）

▼この章で紹介した波多野睦美（メゾソプラノ）、高橋悠治（ピアノ）によるシューベルト《冬の旅》はCDで聴いていただくとして（本文で言及した高橋悠治による訳詩もブックレットに掲載されています）、ここでは本書の「01 泣くのは恥ずかしい」にも登場するイギリスのテノール歌手イアン・ボストリッジの演奏で。

11 音楽との「出会い」はどこからやってくるのか

ヨハン・ゼバスティアン・バッハ
《フランス組曲 第五番》ト長調
第一曲〈アルマンド〉
御喜美江（アコーディオン）

▼この章では「インターネットでは音楽とのほんとうの出会いは生まれない」という話をしているので、そのテーマに合致する曲として、何を選んだらいいのか、すごく悩みました。仕事柄、CDをいただくことがよくあり、申し訳ないことに聴かないまま積み上げてしまうことも多々あるのですが、そんな、誰からいただいたかもわからなくなってしまったCDのなかから、気まぐれにひっぱり出して聴いてみたら、まさに自分の好みにどんぴしゃの音楽だった——それがこの御喜美江のバッハ・アルバムでした。「風の楽器」アコーディオンで弾くバッハは、心の中の風通しも良く

してくれるようです。

12　皮膚感覚について

タヴァーニャ

〈Un vi vantate〉

▼タヴァーニャは二〇一九年の「ラ・フォル・ジュルネ音楽祭」で来日したコルシカ島の男声コーラス・グループ。残念ながらＣＤやストリーミング・サービスではその音響のすごさをじゅうぶんに味わえませんが、まさに「皮膚感覚」としての音楽を体験させてくれるグループです。

終奏

J・S・バッハ（作曲）／**スタンリー・イェイツ**（編曲）

《無伴奏チェロ組曲　第六番》

第一曲〈プレリュード〉

荘村清志（ギター）

▼ライヴとはまたちがった感覚がありますが、やはり聴くものの心の動きを探りつつ、「こんなかんじ?」「これならどう?」と語りかけながらつくっていく趣の音楽。こういう先生から音楽を習ったら上手になりそうですね。

あなたとわたしと音楽と

まどみちお（作詩）／**木下牧子**（作曲）

〈おんがく〉

向井正雄（指揮）

Vocal Ensemble EST

▼「かみさまだったら みえるのかしら／みみをふさいで おんがくを ながめていたい」――「あとがき」を書いているとき、意識の向こうでずっと聞こえていた音楽です。

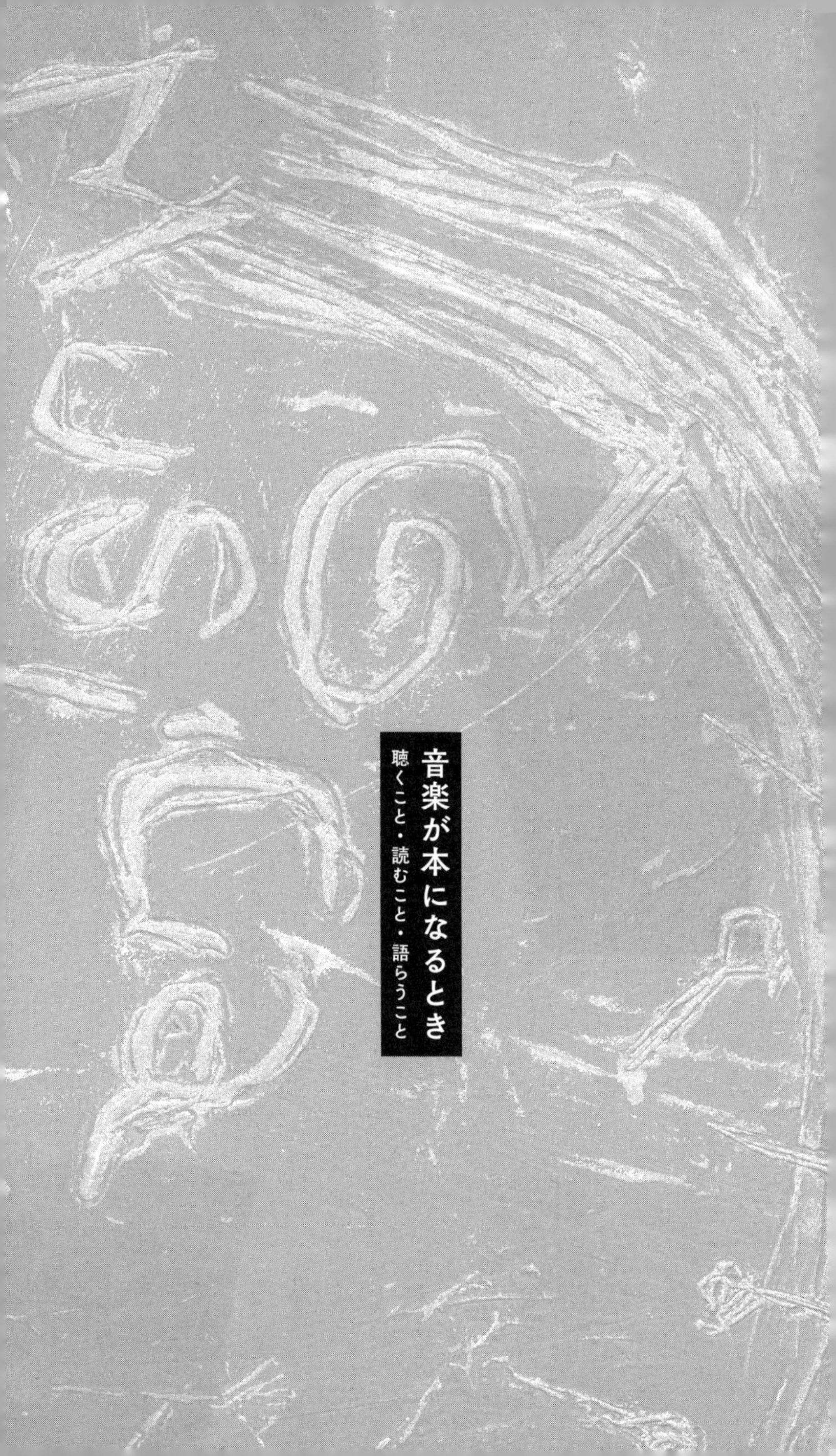

音楽が本になるとき

聴くこと・読むこと・語らうこと

序奏　Andante 歩く速さで

Andante

京都の道とタブラチュア

プロフィール原稿を求められると、たまに「京都生まれ」と記すことがある。いまも実家は京都にあるが、暮らしたことはほとんどない。小学校から高校までは名古屋で過ごし、大学から東京に出てきてしまったので、大学三年のときに実家が京都に引っ越してからも、休みに帰省するだけだ。休みのあいだだけでも、いろいろ見てまわりたいと思うのだが、自分も親も無精者で、けっきょく大して観光もせず現在にいたってしまった。

それでも、帰省を重ねていると、なんとなく京都の空気のようなものがわかるようになってくる。半分仕事で帰ることも多いので、そんなときは短時間で何軒も書店をたずねることになるのだが、東京との違いを感じるのはそんなときだ。京都にいると、とにかくよく歩く。歩ける距離にいくつも書店が固まっていることもあるが、歩くのが苦にならない——というか、歩くのがふつう、もっといえば、歩く人のためにつくられた街だと実感する。

京都を歩くなら通りの名をおぼえるのが便利だ。

南北の通りは、

♪寺御幸麩屋富柳堺〈てらごこふやとみやなぎさかい〉
高間東車屋町〈たかあいひがしくるまやちょう〉
烏両替室衣〈からすりょうがえむろころも〉……*

東西の通りは、

♪丸竹夷二押御池〈まるたけえびすにおしおいけ〉
姉三・六角蛸錦〈あねさんろっかくたこにしき〉
四綾仏高松万五条〈しあやぶったかまつまんごじょう〉……**

そしてそれぞれがX軸／Y軸となり、その交点が交差点の名となる。京

*寺町、御幸町、麩屋町、富小路、柳馬場、堺町、
高倉、間之町、東洞院、車屋町、
烏丸、両替町、室町、衣棚……。
**丸太町、竹屋町、夷川、二条、押小路、御池、
姉小路、三条、六角、蛸薬師、錦小路、
四条、綾小路、仏光寺、高辻、松原、万寿寺、五条……。

都の街が「碁盤の目」といわれる所以である。「烏丸《からすま》丸太町」などと南北の通り＋東西の通りの順でいうのが習わしだが、主要な通りは先にくるという法則もあって、「四条烏丸」は東西＋南北の順だ。そして、交差点の名は、その周辺の地名としても使われる。

実家が京都に移った当初、いちばん戸惑ったのがこの「通り＋通り＝地名」という法則だった。母に「今日は出かけるの？」と聞かれて、「うん、烏丸まで行ってくる」というと、なんとなく怪訝な顔をされて「四条烏丸？」と聞き返される。「烏丸」とか「河原町」は駅名なのだから、地名といってもいいのではないかと思うが……（阪急電車がずっと四条通の下を走っているので、「四条」が省略されているだけなのだろう）。

交差点の名は「南北の通り＋東西の通り」の順が原則といったが、場所をさす場合はまた考え方が変わってくる。たとえば「四条烏丸交差点から四条通を少し東に歩いたところ」は「烏丸通四条東入《イ》ル」で原則どおり「南北＋東西」の順だが、「四条烏丸交差点から烏丸通を少し南に歩いたところ」は「四条通烏丸下《サガ》ル」となり、「東西＋南北」の順になってしまう。同じ場所に行くにも、最初に歩いている道が違えば、とうぜん言い方も変わってくる。

京都が「歩く人のための街」というのは、つまりそういうことだ。同じ地名に複数の呼び方があっても、自分が道を歩いていると考えれば、直感的に理解できる。人に道順を教えるときなど、まことに便利である。困ってしまうのは、これを住所として使う人が多いことだ。

住所というのは、特定の「土地」をさすものである。東京でいえば、「東京都世田谷区代沢五丁目一六番地の二三」*という形式が一般的で、大から小へとだんだん絞り込んでいく。Googleマップをズームインしていくような感じで、この方式には日本全土を上空から見る視点が必要になる。その土地に住む人間の立場を離れ、日本全体を上空から見下ろし、細かい土地区分に対してひとつひとつ地名や番号を付けていく「神の視点」(日本の場合は「日本政府の視点」ということになる)を設定することにより、日本の住所表示は完成する。

京都だってもちろん、神の視点から逃れられるはずもなく、総務省が定めた「区+町+番地」の形式もちゃんと存在するのだが、同じ区内の異なる通りに同じ町名が存在することもあって(たとえば「京都市中京区油屋

*私が代表をつとめる出版社「アルテスパブリッシング」が現在入居しているビルの住所。2007年の創業当初は、共同代表の鈴木茂とそれぞれの自宅で仕事をしていたが、2009年から吉祥寺に、2011年からは現在の下北沢に事務所を置いて営業している。

町」は蛸薬師《たこやくし》通と柳馬場《やなぎのばんば》通にあり、郵便番号で区別するしかないらしい)、カーナビやネットショッピング泣かせの状態が続いているのだそうだ。それで、たとえば京都市役所の住所は「京都市中京区御池《おいけ》上《アガ》ル上本能寺前町四八八番地」、京都精華大学のアートスペースなども入っている四条烏丸の商業施設COCON KARASUMAは「京都市下京区烏丸通四条下ル水銀屋町六二〇番地」と、「神の視点」に「歩行者の視点」が混じり込んだ形式になっている。

◇　◇　◇

日本で一般的な住所表示は「住む人」を想定している。その人がどういう土地に住んでいるか、所有しているかがそこでは問題とされ、つまり「資産価値」というものと直結する。「町」という字が古くから資産の象徴とされた「田」を含むところにもそれは表れている。対して、京都のような(そして欧米の都市では一般的な)「道を指定する住所」は、「歩く人」のためにある。両側に軒が並んだ様子を表す「街」という文字がふさわしい。

ある資産価値を保証された「町」に住んでいる、土地を所有しているという状態は永続することがむずかしい。所有者が変わったり、建物が建て変わったりして、「町」の様子は短いスパンでどんどん変遷していく。永続させるのが難しいからこそ、資産価値のある土地に住み、所有するということに、人は情熱を掻《か》き立てられ、それがその土地の資産価値をまた押し上げる原動力になる。

また、ICTの時代になって、抽象的な住所と番地をデータベース化する情熱が、個々の土地の具体的なありようや個性を捨象していくことに拍車をかける。

もちろん京都においても、土地の所有権は同じようなスピードで変遷しているにちがいない。しかし「道」はなかなか変わらないだろう。その両側に建つ建物や風景はめまぐるしく変わっても、その「道」が存在すること、そこを歩く人々の様子は、大げさにいうなら平安京の時代*からそれほど変わらないのではないか。せいぜい、歩く人の数が増え、着ている服が変わり、さらに外国人が増え、そして牛車や馬が自動車に変わったくらい

*平安京は794（延暦13）年、桓武天皇による長岡京からの遷都に始まり、1869（明治２）年まで日本の首都であったとされる。

のことではないだろうか。

よく京都の人が「この前の戦争」というと第二次世界大戦のことではなく応仁の乱*のことをさす、などといわれるけれども、歴史家のみならず市井の人もそのようなスケールの大きな時間感覚をもっているとすれば、その理由はやはり、京都が「歩く人のための街」だからではないだろうか。

平安京の昔に造成された道がいまも存在し、人々は変わらず往来をつづける。「歩く」という行為をとおして、人は古《いにしえ》の人々の生を追体験する。古文書や古い建物を見て在りし日の様子を想像するのとはちがって、「同じ道を同じように歩く」ことをつうじて、人はその時代を生きることが可能になるのではないか。京都の人がみずから経験することのできない古の時代を実感をもって語ることができ、それが説得力をもつのは、「歩く」ことによって歴史を実体験することができるからなのだと思わずにはいられない。

そしてそれは、道が、「土地＝町」という資産価値、政治的価値を有し、所有権の生ずるもののあいだに存在するアジール（聖域、自由領域）だということとも関連する。このお屋敷は○○様のもの、あの土地は××様の領地ということはあったとしても、そのあいだを縫《ぬ》って走る道は、天

*1467（応仁元）–78（文明９）年。

皇家の人々も公家も武士も町人も農民も、貴賤や権力に関係なく通行する「無縁の場」である。土地の持ち主は移ろいゆくが、道は時代を超えて、「われわれの場所」でありつづけるのだ。

◇　◇　◇

道と土地の違いは、音楽でいえばタブラチュアと五線譜の違いに似ている。タブラチュアとは楽器固有の奏法を数字や文字で表した楽譜。ギターでは「タブ譜」などと略称することが多いが、五線ならぬ六本の横線をギターの弦に見立て、押さえるフレットを数字で示したり、奏法を記号で示したりする。その他、ドラムも各線を個々の太鼓に割り当てて奏法を示すし、沖縄の三線には「工工四《クンクンシー》」とよばれるタブラチュアがある。

タブラチュアは、演奏者の身体的行為を記号化したものだ。記譜した個々の演奏家の身体の記憶がそこに刻印され、その時代特有の様式や演奏習慣が色濃く反映する。それに対して五線譜は、もっと抽象的に音楽の構造を示す。原理的には、どんな楽器で演奏しても「同じ音楽」になるし、古い時代の演奏習慣を前提とした音楽であっても、五線譜に書かれてさえいれば再現が可能になる。神の視点で定められた「地名＋番地」を拠りどころに、その土地を知らない人でもGoogleマップを見れば目的地にたどり着けるように。

つまり、五線譜には音楽から歴史を捨象し、普遍化する力がある。それゆえに、「作曲家」という存在が生まれ、その音楽が時代を超えて演奏されつづけることが可能になったのは、本書の第06篇で述べるとおりだ。

逆にいえば、タブラチュアを演奏するとき、演奏家はその音楽が記譜された「時代」を追体験する、といえる。その楽譜を書いた個人が、みずから楽器を演奏する過程を、現代の演奏家はみずからの身体を同じように動かすことでなぞる。そのことにより、彼はそのタブラチュアが書かれた時代を生きる。

いや、五線譜でそれがまったくできないわけではない。古い時代の作曲家の自筆譜を見れば、それが現代と同じような五線譜で書かれていたとしても、その筆跡から、作曲家がみずからの身体からその音楽を紡《つむ》ぎ出した様子を想像することができる。すぐれた古楽演奏家の演奏が、ときに学術的な研究のたしかさを飛び超えて説得力をもつのは、彼らが五線譜の向こうに、作曲家の「行為」を驚くほどの精度で読み取りなぞること、その音楽を生きることができるからだろう。

演奏に説得力があるというのは、いってみればその音楽が進んでいく道すじを、聴く者が迷わずにたどることができる、ということでもある。すぐれた演奏には、聴き手の手を取って道をともに歩き、その音楽のたたえる記憶を追体験させ、ともに生きさせてくれる力がある。

◇ ◇ ◇

いまの時代、どこへ行くにもスマホのGoogleマップに目を落とし、GPSの丸い点で示される自分の位置を確認しながら、目的地にたどり着くまで顔を上げないでいるほうが効率的だったりもする。でも、せめて京都にいるときは、うろ覚えの通り名の歌を唱えながら、古の人々と足並みをそろえて歩きたい。「道」というアジールがこの街の本質であり、歩くことがこの街を生きることなのだから。

聴いているのは　誰？

01 泣くのは恥ずかしい

昔は「泣ける本」というような惹句を見て、「本を読んで泣くなんて……」と思っていたものだが、最近は小説を読んでもノンフィクションを読んでも、けっこう涙腺が刺激されて困る。歳をとって、感動の閾値《いきち》が下がったのだろうか。

本を読んで涙腺が刺激されたときの気持ちというのは、なかなかに複雑だ。「あ、（感動が）来るぞ来るぞ、涙が出そうだぞ」と感じると、一方で、それを止めようとする意識がはたらくのである。誰もが経験することだろうと思いつつ、「ややこしいやつだな」と思われそうで、いままで人に話したことはなかったのだが、つい最近のこと、この自己抑制のメカニズムをうまく説明してくれている文章に、ようやく出会うことができた。

◇ある音楽作品を前に、気がついたら自分が涙を流していたというとき、私はいつでも二つの矛盾し重複する感情を経験するのだ。自分の反応の純正さと激しさへの（そうよぶのはためらいを感じるのだが）満足感と、その満足感をまさに意識していることがなぜか恥ずかしく思われる気持ちとである。*

イギリスの生んだ世界的テノール歌手イアン・ボストリッジが、シューベルトの《冬の旅》全二十四曲を分析**した書籍の一節である。日本版はわたしが編集を担当した。編集をしていて、「ああ、これこれ、この感覚」と感激したので、思わずゲラに線を引いてしまい、あとで組版担当者から「ここはどう直せばいいですか?」と質問されてしまった。

ここで言われていることは、読書にも当てはまる。つまり感動というのは、ある種の甘美な自己肯定感と、安易にそれに浸ることを許すまじとする自己規制の感覚とのせめぎあいだということである。

そんなに自己規制していたら、せっかくの感動が逃げてしまって、読書や音楽をじゅうぶんに楽しめないのではないかとも思う。その甘美な自己肯定感に浸れるだけ

＊イアン・ボストリッジ著／岡本時子・岡本順治訳『シューベルトの「冬の旅」』〔アルテスパブリッシング、2017年〕87-88頁。

＊＊分析といっても、和声や旋律や詩の韻律などに着目して掘り下げるだけでなく、たとえばシューベルトの時代の冬はどれくらい寒かったのか、登場するカラスはどんな種類かなど、思いもよらない切り口によるもので、《冬の旅》の相貌を一新する書といっていい。

浸り、涙を流せるだけ流せば、人生もっとドラマティックで楽しいものになりそうな気がしないでもない。

この自己抑制の感覚は、ボストリッジも書いているように、一種の恥ずかしさの感覚である。ただ、電車の中などで本を読んでいるときだけでなく、自分ひとりのときにもこの感覚ははたらくので、「泣くのを人に見られるのが恥ずかしい」ということではない。あえていえば、読んで感動している自分と、それを外から観察している自分とがいて、後者は前者にたいして「ほら、またそんなところで感動して」とツッコミを入れ、前者は「すみません。つい、涙腺が……精進します！」と恥じ入っている感じか。

本を読み始めて、まだ意識が没入しきっていないときには、このツッコミを入れる自分は現れない。「ふーん、舞台は〇〇市なのか」とか「主人公は神経質なところがあるんだな」などと、いわばテクストを読解するための基礎的な情報を収集し整理している段階を経て、そういった情報を意識しなくても、主人公の意識が手に取るようにわかったり、起こった事件の重要度が身をつまされるように実感できたりする段階に入る――つまり、作品に身体ごと没入し始めると、やっかいなことに、それまで単一だった自分の意識が複数に分化し、このツッコミを入れる自分が現れて活動を始めるのである。変な話かもしれないが、わたしにとっては、感動が深ければ深いほど、わたしのこのツッコミはさらに旺盛になり、加えて冷静さを増し、根掘り葉掘り、わたしの感感動の揚げ足取りを始める。

　自分の感動にいちいちツッコミを入れる意識を感ずることなく、感動の命ずるままに滂沱《ぼうだ》の涙を流せたら、さぞ気持ちがいいだろう。しかし一方では、感動にふるえつつも、ツッコミ星人のいけずに耳をかたむけながら、涙をこらえる自分のことを、それほど不幸だとは感じていない。それどころか、この複数の自分どうしの「対話」こそが、読書や音楽の感動そのものではないかとさえ思うのである。「やっかいなことに」と書いたけれども、やっかいどころか、ツッコミ星人が顔を見せ始めると、「お、来たきた」とほくそ笑んでしまう。なぜなら、彼が現れたということは、自分がその作品に少しずつ没入しつつあるということであり、彼がツッコミを入れざるをえないほど、自分が感じ始めている感動は深いかもしれないことを表しているからである。

◇　◇　◇

　自己の複数化の感覚こそが、読書や音楽の感動の源泉だとするならば、その感覚はいったいどこから来るのか。

考えてみれば、本や音楽作品は、わたしのためだけに存在しているわけではない。たいていの場合は、出版社が大量に複製したうちの一冊であり、不特定多数に向けて演奏される一曲である。これからおいおい問題にしていきたいテーマとからめて言えば、「公 *public* の財産とする」という意味で publish されたものである。

そのようなものとしての本や音楽を読んだり聴いたりするとき、わたしたちは、「公の一員」である自己と「ただひとりしか存在しない個人」としての自己とに分裂する。個人である自己がいくら感動しようとも、あるいはいくらその作品を勝手な基準で貶《けな》そうとも、何の問題も生じないだろう。

じっさい、本を読んだり音楽を聴いている最中に、そういう「個人の暴走」はよく起こる。ある一行を読み飛ばしたがために、「この作家は伏線を敷くのを怠った」と怒りかけたり、先行作品を聴いたことがないために、ある曲にもちいられたアイディアを「画期的だ！」と称賛しそうになったり。そこにツッコミを入れてくるのが、「公の一員」としての自己である。「三ページほど前に戻って読み返してみなさいよ」「待った待った、感激してＳＮＳに投稿する前にいちどググってみたら？」などと、暴走しかけた個人としての自己を諫《いさ》め、ブレーキをかける。

しかしそれでも懲りない〈個＝自己〉は、感動を始めると、「ここで涙腺決壊させてもいいですか」と〈公＝自己〉にうかがいを立てる。「うーん、ここはよくあるプロットだよね。もう少し待ってみたら?」「いまピアニストが苦しそうな表情したろ、まさかあれに刺激されたの?」などと、どんどん堤防を高くしてくる。

この〈公＝自己〉がつねにチェックしてくるのは、じつは、その作品が外の世界と結んでいる関係性を、〈個＝自己〉が正しく認識しているか、ということである。それは、その作品の文学史や音楽史の中での位置付け、先行する作品からの影響、著者や演奏家の個性や能力といったものへの依存度といったことである。念のために付け加えれば、ここで要求されているのは、たんにそれら情報を知識として身につけているかではない。知識があればもちろん判断の助けにはなるが、知識のあるなしにかかわらず、作品そのものからそうした外部との関係を感得できるかどうか、という能力を、〈公＝自己〉はまさに問うてくるのである。

そうした関係性を正しく認識し、自分がまさに作品の本質から送り出されたメッセージを受け取っているがために、その感動が惹き起こされていると〈個＝自己〉は判断し、ある時点で涙腺を決壊させるにいたる。このときの感覚がポストリッジのいう「自分の反応の純正さと激しさへの……満足感と、その満足感をまさに意識していることがなぜか恥ずかしく思われる気持ち」なのだろう。

◇　◇　◇

ここまでわたしは、複数化した自己どうしの対話を、教師と生徒の対話のように描いてきたが、それは故のないことではない。まこと、読書や音楽の体験とは、自らが教師役と生徒役を演じ分けながらおこなうセルフ・エデュケーションだからである。

読書や音楽鑑賞の対象となる作品は「公のもの」、すなわちpublishされたものだと言ったが、その作品に対峙するとき、わたしたちの内部から「公としての自己」が立ち上がる。これを「自己をpublishすること」と言い換えてもいいだろう。いままで自分の中にひっそりと隠れていた「自己」――笑いたいときに笑い、泣きたいときに泣いていた無邪気な自己を、外の世界、公の世界にしっかりと確立し存在させること。そのためになされるのが、作品と対峙しつつ、自己の内面でおこなわれるこの対話なのである。

本や音楽の鑑賞とは、孤独で密やかないとなみではけっしてない。人に見えないところでひそかにおこなわれているはずのそれが、じつはダイナミックな対話型教育の舞台となり、人間を公の存在へと高める契機となっているということを、感動の涙と対になって現れる「恥ずかしさ」は教えてくれているのである。

02 孤独の共同体

クラシックの演奏会では、たいていの場合、一枚の紙をまんなかで折って四ページ建てにした簡易なものから何十ページもある豪勢な冊子にいたるまで、その演奏会の性格や許される予算におうじて、公演パンフレットが配布される。オペラなど特別お金のかかった演奏会だと、パンフレットも有料だったりする。

わが社はオーケストラの公演パンフレットの編集・制作業務も請け負っているので、演奏会に行くと、着席した数千人の聴衆がまさにわたしたちがつくった冊子をひろげ、熱心に読んでいる場に遭遇する。編集者としてはじつに光栄なこととはいえ、同時にこれはなかなかにヘヴィな状況だ。

書店でたまたま自分が編集した本を手にとって立ち読みしている客を見かけたとき

の、ちょっとこそばゆいような晴れがましい気持ちとはまた違って、自分よりも多くは高齢で年季のはいったうるさ型のクラシック・ファンが、目を皿にして、「なにか誤植や不適切な記述がないか」を検閲している（ような気がしてしまう）のである。

◇　◇　◇

それはともかくとして、コンサートとはなんと不思議な場だろう。いままで縁もゆかりもなかった数百人、数千人の人々が、ひととき同じ場に居合わせ、同じ音楽をともに聴き、同じタイミングでため息をつき、拍手をする。

普段はどんな人たちなのだろう。政治家、ビジネスマン、主婦、フリーター……さまざまな人たちが、音楽を前に、すべての属性を脱ぎ捨てて、いっとき隣り合わせ、る。

コンサートが終わったあと、「今日のお客さんは良かった」という感想をもつことがある。演奏家が言うこともあるし、客どうしでそんな感想を語りあうこともある。「いい曲だった」「いい演奏だった」といった批評めいた感想とは違って、自分も含め、その場に居合わせたものが同じ音楽に向かいあい、つかの間の共同体として過ごした時間や空間そのものを是とする、掛け値なしの肯定のことばだ。

いっぽうで、逆説的な言い方かもしれないが、芸術をわたしたちが愛するのは、それがひとりにしてくれるからでもある。数百人、数千人が一堂に会する演奏会、何時間も行列待ちをしなければ中に入れない美術展……どんなに多くの人が集う場所であっても、ほんとうにすぐれた芸術作品は、聴いた途端、観た途端にわたしたちを〈孤独〉へと連れ去ってくれる。痛いほどの孤独を心に感じながら、わたしたちは同時に、周囲の、自分と同じように孤独を感じているであろう多くの人々と共にある。それで孤独が解消されるわけではないけれど、彼らが、自分と同じようにひとりぼっちで、言葉にならない思いを噛みしめていることを、わたしは感じることができる。

もちろん、そんな思いを抱くことのできるチャンスはめったに訪れない。これまた逆説めくが、その構成員のひとりでも孤独を感じられなかったら、この理想の共同体は現出しないのだ。だからこそ、まれにそうした場に遭遇したとき、人は「今日のお客さんは良かった」と言って、その時間と空間を〈佳きもの〉として記憶に刻印するのだろう。良い演奏が繰り返せないのと同じように、いやそれよりもずっと、この時間と空間を繰り返し体験することは難しいから。

そして、演奏家が「今日のお客さんは良かった」とつぶやくとき、彼が言っているのは、聴衆が自分の演奏を集中して聴いてくれた、ということだけではあるまい。彼もまた、音楽を前にひとりになれたのだ。演奏家もまた〈孤独の共同体〉の一員となる資格をもっているのである。

◇　◇　◇

◇まわりの不揃《ぞろ》いなグループを見まわしているうちに、フランスでこんなふうにさまざまな素性の人たちと自由に交わることがいかにまれであるかに思い当たった。〔略〕**ここに集まっている人たちの共通点は、ピアノが好きなこととリュックに認められていることだけなのだから。***

ピアノを取り囲んでピアノ談義に興ずる好事家の姿は、コンサートでたまさか隣り合わせた人々の様子とそれほど違ったものではないだろう。ピアノへの愛と情熱だけを媒介にして成立する共同体。「さまざまな素性の人たち」がおのおののバックボーンにかかわりなく、対象への関心だけを手形として参加を許されるグループ。

この工房の主《あるじ》でピアノ修理職人のリュックは、この中では唯一の〈プロ〉——つまりピアノとのかかわり方について、他のメンバーを指導する立場にある。コンサート

*T.E.カーハート著／村松潔訳『パリ左岸のピアノ工房』〔新潮社、2001年〕149頁。

でいえば、演奏家の立場にあたるかもしれない。

商売人とその客と考えれば、そこには経済的な上下関係が成立しそうなものだが、ここにはそうしたヒエラルキーはまったく感じられない。「ピアノ道」とでもよべそうな関心領域のグルとして、リュックは客たちから深い敬愛の念を捧げられているが、彼もまた他の客たちと同様に、「ピアノが好きなこと」という一点においてのみ、この共同体への参加資格を有しているのである。

◇　◇　◇

この〈孤独の共同体〉においては、構成員どうしが向きあうことはない。皆、それぞれの仕方で、音楽のほうを向いている。

演奏家は客と向きあっているではないか――いや、彼もまた音楽に向きあうひとりにすぎない。

音楽が、この共同体の構成員どうしをつなぐ〈絆《きずな》〉になっているのではないか――おそらく、それも厳密にいえば当たらない。わたしたちは、それぞれの仕方で音楽に向きあっているだけで、お互いを顧慮することはない。構成員どうしのヒューマニスティックな交わりを、ある種の絶望感とともに否定した、その諦めの底——それをわたしは〈孤独〉とよぶ——からしか、この共同体は立ち上がらないからである。

作曲家の三輪眞弘は二〇一一年七月、東日本大震災というカタストロフを経て、「これからの時代、芸術は可能か」という切実なテーマを掲げたシンポジウムでこのように語っている。

◇芸術というのは、僕の独特な言い方なんですけど、基本的には「奉納」なんですよね。神に捧げるものなんです。音楽でいえば、「聴衆」というのは基本的にはそれに立ち会う人であるわけです。クラシックのベートーヴェンのコンサートで、ピアノを弾いている人は基本的に僕ら聴衆に向けているんじゃなくて、それはプレイヤーが神に奉納しているのです。その場に居合わせるというのが芸術——僕が考える芸術としての音楽の形態だと思うんです。*

「その場に居合わせる」というかたちで、そのつど立ち上がるコミュニティ——そこでは、各人の属性はすべて必要ないものとして剥《は》ぎ取られ、芸術への献身のみが参加要件となる。考えてみれば、これほどにリベラルな共同体はほかにないだろう。

この共同体のベースにある一種宗教的な諦観は、「人はお互いにわかりあうことな

*岡田暁生・三輪眞弘・吉岡洋「3.11。芸術の運命」『アルテス Vol.01』〔アルテスパブリッシング、2011年〕73頁。

どできない」という逆説的かつ根源的で決定的な絶望に発している。けれども、孤独なままでも、孤独なものどうし、ひととき隣り合わせることはできる。隣りにいる〈あなた〉が、同じ方向を向いていることだけは信じられる。それこそが、芸術がわたしたちにあたえてくれる最高のギフトではないだろうか。

03

本のリベラリズム

前の会社*で同僚だった鈴木茂とアルテスパブリッシングを創業したのは二〇〇七年四月だが、社名を決めるのに少し手こずった。

二人とも、「〇〇書房」とか「〇〇舎」といった出版社にありがちなオーソドックスな社名にはしたくないという気持ちでは一致していた。本を出版するだけでなく、音楽と出版の世界を自由に往還して、さまざまな仕事をプロデュースできたらとなんとなく考えていたのだ。だから、「カタカナで行こうか」ということは比較的すんなり決まったのだが、そのカタカナ社名がなかなか決まらない。別に、双方が自分の意見に固執して譲らなかったわけではない。いくつかの案が出ては、「うーん、なんとなく違う」というような反応で消えていった。どんな案が出たのかもうほとんど忘

*音楽之友社。1988年4月から2007年3月まで、まる19年勤めた。

れたから、どれもそれほど目はなかったのだろう。

ひとつだけ覚えているのは、「プルーラ」という案だ。これはわたしが考えた。家族に提案したら、「洋菓子屋みたい」と言われ却下されたが、じつはちょっと気に入っていた。「複数」を意味するpluralの最後のエルを取ったら、ちょっと可愛くなるんじゃないかという、まあ他愛もないアイディアだったが、この「複数」という概念は、その当時からわたしにとっては大きな意味をもっていた。

ずいぶん前に科学史家の村上陽一郎さんを訪ねたおり、「これからはグローバリズムに反対して、プルーラリズムで行きたいと思っているんです」と言われた。その言葉を、どこかで使ってみたいと思っていたのだ。

その後、いくつかの案が出ては消え、けっきょく「アルテス」というラテン語の社名を冠することになった。* 英語でartの単数形にあたるラテン語arsではなく、複数形のartesにしたのも、このプルーラリズムがどこかで反響していたにちがいない。

artesといえばすぐに思い浮かぶのは「アルテス・リベラレス *artes liberales*」で、直訳すれば「自由学芸」となるが、「自由七学科」とよぶこともある。ヨーロッパ中世いらいの大学制度のなかで、学ぶべき基礎教養とされる三学（文法学・修辞学・論理学）と四科（算術・幾何・天文学・音楽）をいう。「リベラル・アーツ」という英語のほうが、

＊「アルテスという社名にしました」と音楽関係者に言うと、「あのフルート教本となにか関係があるのですか?」と聞かれることもあった。まったく知らなかったが、フルートの世界では『アルテス』というフルート教本がけっこうメジャーな存在らしい。ただし、そちらは著者アンリ・アルテスの名をとってAltes、わが社はArtesだ。

昨今は通りがいいだろう。

つまりわが社名には、音楽をはじめとする芸術 *art* だけでなく、人文諸科学にもアプローチしていきたいという思いがこもっているのだが、ここでは、めでたく社名となった「アルテス」のほうではなく、「リベラレス」のほうを考えてみたい。

◇ ◇ ◇

「アルテス・リベラレス（自由学芸）」の「リベラレス」、英語で言えば「リベラル」にはどういう意味がこめられているのだろう。

中世の大学の理念的源流となった古代ギリシア＝ローマにおける「自由人（つまり奴隷でない人）のための教養」という歴史的な解釈と、それを学ぶことにより「人間を自由にする学問」という目的論的な考え方とがあるようだ。つまり、「自由人たるもの、こうした教養を身につけておくべき」というベクトルと、「こうした教養を身につければ自由になれる」というベクトルがあって、鶏と卵ではないが、その二面は表裏一体のものだったのだろう。

この自由七学科の上に哲学、さらにその上位に神学があって、中世ヨーロッパの大学はつまりキリスト教的世界観を体現するものだったわけだけれど、逆に言えば、神学や哲学（この当時の哲学は「神学の婢女《はしため》」といわれていたくらいだから、両方合わせて神学と考えても差し支えないだろう）の下に、「自由人が学ぶべき学問」あるいは「人間を自由にする学問」が置かれていたことにわたしは少なからぬ感慨をおぼえる。

まったくもって自由とは言い難かったであろう時代に、学問というヴァーチャル（仮想的）*でイデアル（理想的）な世界ではあっても、〈自由〉というものが、学問の源流として、あるいは目的として志向されていたこと、それこそが現代でもなお、学問というものが本質的にもつ貴さの依《よ》って来たる源泉となっていることはまちがいないだろう。

中世の大学において、学問の自由とは、書物の姿であらわされるものだったと言っても、それほど突飛な発想ではないだろう。ウンベルト・エーコが『薔薇《ばら》の名前』で描いた修道院の書庫、そしてそこに所蔵された豪華な写本――あのイメージだ。書物の姿をとっているかぎりにおいて、そこに記された思想は、それがどんなものであれ、誰の前にも開かれている――だからこそ、異端的とみなされる思想を根絶するには、それが記された書物を隠したり焼き払ったりするしかない。

書物とは自由。本を読むことはすなわち学問の自由を生きることであった。それ

＊「virtual」という形容詞は、名詞形のvirtueが「そのものをそのものたらしめる本質」として「徳」と訳されることからわかるように、ほんらい「実質上の、事実上の」という意味があり、「みせかけの」とか「虚構の」という意味にとるのはあきらかに間違いである。むしろ「リアルではないけれども、そのぶん本質的」というくらいのニュアンスであろう。

は、中世から現代にいたるまで、学問をいとなむ者たちに共通した生き方となっているのである。

◇　◇　◇

古代ギリシアにおいて読書とは「音読」のことであり、中世スコラ学の成立とともにようやく「黙読」の習慣が確立したといわれる。中世のある修道院には、「寝ている人の迷惑になるから、夜間は本を読むな」という規則があったそうだから、この時代も読書は、どちらかといえば音読が主流だったのだと思われる。文字を読める者が稀少な時代・環境にあっては、書物を音読して周りの者と内容を共有することには大きな意味があっただろうし、書物の内容を賞玩《しょうがん》するというよりは、一冊の書物の内容を文字どおり暗記することが目的であった時代には、音読こそがその手段として有効な方法であっただろう。本を読んで、どんな印象をもったか、何を考えたか——読んでいる自分の心の動きや変容——を感ずることこそが読書だという読書観は、近代における「内面」の誕生とかかわっており、きわめて近代的な事象なのである。

もうひとつ付け加えておきたいのは、古代から中世にいたるあいだに、巻物が主流であった書物が、「冊子体」とよばれる現代と同じ形式のメディアへと進化したことだ。厚い表紙を備え、閉じてしまえば中身を見ることのできない冊子体の書物は、同じ顔つき、身体つきをしていても、内面はひとりひとり異なるという近代的人間観と通底するものである。こうして人は――それがほんとうに正しい態度かはさておき――他人を「書物として読む」仕方を身につけたのであろう。

後世からは暗黒時代とよばれる中世キリスト教社会のなかで、人間の「内面」の誕生と、「黙読」に象徴される読書の近代化とが、足並みをそろえて育まれていったことと、「自由人のための学問」であるところの「アルテス・リベラレス」が整備・確立していったことは、いずれも「書物」の姿に仮託して語ることのできるひとつの精神態度のはじまりといってよい。わたしはそれを、「自由と孤独の誕生」とよんでみたい欲望にかられる。

というのも、この近代的な読書観の誕生は、あきらかに芸術音楽の誕生と期を一にするものであるからだ。とくに、作品と演奏、作曲家と演奏家という位相の差異がその本質のひとつをなすクラシック音楽においては、音楽はまさに書物を読むようにして受容される。「黙読としての聴取」――第02篇で「孤独の共同体」として描いたリベラルで孤独な聴衆――は、このようにして生まれたにちがいない。

本は基本的にひとりで読むものだ。わたしは自分の〈読み〉を、他人とはけっして共有し得ない。つまり、わたしは〈孤独〉だ。ただ、本を読むとき、わたしには「この本をわたしと同じように読んでいる大勢の読者」が感じられている（第01篇で書いた「羞恥《しゅうち》」の感覚はここに由来する）。その読者の共同体は、水平（共時的）に拡がると同時に、垂直（通時的）にも拡がっている。つまり、過去の読者や未来の読者もまた、共同体の成員としてたしかに意識されている。そして、その読者共同体のメンバーが共通の一冊に向かっているという事実が、リベラルな共同体意識を醸成する。

わたしの語ることは理想主義的にすぎるだろうか。いや、現実にそんな共同体など存在し得ないことは、身にしみてわかっている。〈孤独〉とは「他者とわかりあえない」という絶望に由来するものでなければならないのだから。しかし、本を読む〈わたし〉と、いつの時代、どの国の人かは知らないけれど、この本を読む／読んだにちがいない〈あなた〉とが、あらゆる属性を超えて共にある、その可能性を信じること――リベラリズムとは、そのこと以外に源泉を求められない、否、求めてはならないものではないかと思うのである。

◇　◇　◇

04 音楽と物語

アルテスパブリッシングを創業したのは二〇〇七年四月だが、第一作の出版は九月である。創業第一弾となった内田樹著『村上春樹にご用心』、そして翌十月に出版した音楽書としての第一作目、西原稔著『クラシックでわかる世界史』の販売促進のための営業で、大小さまざまな書店に足繁く通っていたころ、どこへ行っても一冊の奇妙な書籍が平積みになっているのが目についた。

ハードカバーをくるんだベージュっぽいジャケット*には、オーケストラのスコアと思しき細密な楽譜が印刷され、その上に「交響曲第一番」という書名がゴシック体で、「佐村河内守」という著者名が明朝体で、それぞれ大書されている。正直あまりよいデザインとは思えなかったが、禍々《まがまが》しいまでにインパクトの強い装丁であり、書店をまわるたびに「これは何なのか」という疑問が膨らんでいった。

あるとき、意を決して手に取ってみた。大げさに思われるかもしれないが、ある種の宗教書などにも共通する押し出しの強さに圧倒され、それまで、「危うきに近寄らず」を決め込んでいたのだ。版元は講談社。真っ黒な帯には白抜き文字で、作家の五木寛之が推薦文を寄せている。著者はわたしの知らない人だったが、知る人ぞ知る有名な作曲家なのだろう。戦国武将みたいな名前だな、と思った。

それにしても、この本は「交響曲第一番」という音楽作品についての解説なのか、それともこの本じたいが比喩的な意味で著者にとっての「交響曲第一番」なのか、どうにも正体不明で、そこがまず気に入らなかった（ぱらぱらと見てみると、内容は著者の苦難に満ちた半生をつづった自伝のようだった）。また、大上段に構えた書名と立派なハードカバー仕様に、虚仮《こけ》威《おど》しのような安っぽいデザインがなんともアンバランスに同居していて、落ち着かない。「天下の講談社の仕事とも思えない」とさえ感じた。いや、いま考えれば、これこそが版元の深謀遠慮の賜物であり、わたしも含めて多くの人が、このいっけんバランスの悪い造本の術中にはまったのかもしれない。

それから数年がたち、その本についてほとんど思い出すこともなくなっていたころのこと、ある音楽業界人の集まりで、「サムラゴウチの交響曲がＣＤになるらしい」

＊本の表紙が芯紙で補強されたものを「ハードカバー（上製）」、芯紙を入れず１枚の紙だけで表装したものを「ソフトカバー（並製）」とよぶ。その上にもう一枚くるんだ紙を、日本の出版業界では一般的に「カバー」ということが多いのだが、英語ではこちらは「jacket」が正しい。日本ではその上にさらに「帯」というものを巻き、惹句（キャッチコピー）や推薦文などを記す。こちらは英語でよぶことがあまりないが、あえて訳すとすれば「book band」というらしい。

と聞いた。「ああ、あの本の……」とおぼろげに思い出したが、やはり関心をもつにはいたらなかった。その後、そのＣＤがどうやら記録的なヒット作となり、テレビでもドキュメンタリー番組が放送されたそうだ、といったニュースに断続的に接し、もはや音楽業界を超えて、ワイドショーで取り上げられるような——つまりは、自分からもっとも遠いところにある——話題になってしまい、いよいよ関心のもちようがなくなった。そこに降って湧いたように起こったのが、あの週刊誌やテレビを舞台にした暴露劇——「偽ベートーヴェン騒動」だった。

いや、事そこにいたっても、自分にはまだ野次馬的な関心以上のものはなかったといっていい。ただ、ひとつ不思議だったのは、「偽ベートーヴェン」が糾弾《きゅうだん》されるとき、かならず引き合いに出されるのが、一八万枚ともいわれる空前のヒットを記録したＣＤであって、数年前に、わたしが書店でたびたび目にしていたあの書籍、『交響曲第一番』の話がほとんど出てこなかったことだ。レコード会社やプロデューサーが、「彼の嘘を知りながら、その嘘に乗っかってＣＤを売り、大儲《もう》けした」といって非難されるのであれば、あの本をつくった出版社や担当編集者はなぜお咎《とが》めなしなのか。そこがどうも腑《ふ》に落ちなかった。

遅ればせながら、だんだん関心がわいてきて、調べてみた。

書籍『交響曲第一番』が講談社から刊行されたのは二〇〇七年十一月、その交響曲第一番が部分的ながら公の場で初演されたのが二〇〇八年九月〔秋山和慶指揮／広島交響楽団、広島厚生年金会館ホール〕、二〇一〇年四月には大友直人指揮の東京交響楽団がやはり部分的に東京芸術劇場で演奏している。そして、日本コロムビアが満を持して完全版を収録したCD『交響曲第一番《HIROSHIMA》』をリリースしたのは二〇一一年七月のことだった。

つまり、この作品はまず書籍のタイトルとして発表され、その後音楽作品として公にされたことになる。別の言い方をすれば、書籍が刊行されたとき、この作品の存在を知り、音楽作品として聴いたことがあった人は、いたとしても、ごく少数の身内に限られていたわけである。これは、かなり異常な事態であるといっていい。

この「いまだ実演実績のない作品を作曲した（と主張する）聴覚障碍《しょうがい》をもつ人物の自伝」という出版企画が、いかなる判断のもと、目利き揃いにちがいない講談社の企画会議を通過したのだろうか。いや、彼らの判断は正しかった。その書籍が最終的にどれくらいのセールスを記録したのかわからないが、その後の実演での初演、CDリリースという一連の流れは、この書籍出版があるていど以上の成功をおさめたからこそ、可能になったのはまちがいないからだ。*

*ちなみに幻冬舎が2013年６月に同書を『交響曲第一番――闇の中の小さな光』として文庫化しているが、これは逆にCDリリース後のブームを当てこんでのものだろう。

佐村河内がそこまでの流れを見越して、自伝を書いたとはさすがに思えない。出版社側には、もしかしたら「書籍→実演→CDリリース」という流れはあるていど見えていたかもしれないが、いずれにせよ、わたしの関心は、あくまでもひとりの作曲家のなかで、〈音楽〉と〈本〉とがどのような意味をもっていたのか、というところに絞られていく。

◇　◇　◇

音楽史上に名を残した作曲家には、意図するとせざるとにかかわらず、〈物語〉が付いてまわる。

文芸評論家の千野帽子は「人間は、時間的前後関係のなかで世界を把握するという点で、『ストーリーの動物』です」という。[*] 人間はいつだって、因果関係によって世界を理解したいと欲望する生き物なのだ。「因果関係が明示されると、なぜ物語として滑らかな感じがするのでしょうか？　それは、できごとが『わかる』気がするからです。どうやら僕たちは、できごとの因果関係を『わかりたい』らしいのです[**]」と。

作曲家の物語とは、すなわち、その作曲家の作品がなぜ人びとの心を捕らえてやま

＊『人はなぜ物語を求めるのか』〔ちくまプリマー新書、2017年〕21頁。
＊＊同前、53頁。

ないのか、その理由を、作曲家の生涯のストーリーや彼が体験したできごとに求めた結果、生み出されるものである。しかし、言うまでもないことだが、ある作曲家が創造した音楽が素晴らしいのは、その作曲家がある特徴をもった人生を送ったからではない。芸術家の人生はもちろん、その芸術のありように大なり小なり影響をおよぼすことだろう。ただ、そのようにして生まれた芸術が素晴らしいかどうかは、また違った問題だ。

ベートーヴェンの聴覚障碍は、もしかすると「苦難を超克して歓喜にいたる」と表現されることの多い交響曲第九番のコンセプトに、なんらかの影響をあたえているかもしれない。ただ、その作品が歴史に残る傑作となったのは、ベートーヴェンが難聴であったからではない。

ベートーヴェンは難聴になったのちに、第九交響曲を作曲した。その前後関係は〈事実〉である。この「前後関係を因果関係にスライドさせる」ことを、ロラン・バルトは「前後即因果の誤謬《ごびゅう》」とよび、物語とはこの「前後即因果の誤謬」を「体系的に濫用《らんよう》するもの」なのだという。* かくして、ベートーヴェンの伝記作者は、彼の苦難のエピソードを創作の時系列のあいだに巧妙に差しはさむことにより、ほんらいは直接的に関係ないはずの人生と芸術とのあいだに、あたかも〈因果関係〉があるように

＊千野：前掲書、105頁。

〈偽装〉し、読者も作者とある種の共犯関係を結びながら、みずから無意識のうちに〈誤読〉をおこなっていく。このようにして、「ベートーヴェン物語」は生まれ、再生産されていくのである。

「全聾《ろう》の作曲家」の触れ込みで、いみじくも「現代のベートーヴェン」の異名をとり、暴露騒動以後は一転、「偽ベートーヴェン」の汚名をかぶることとなった佐村河内守だが、彼の自伝は、まさにこの「前後即因果の誤謬」を巧妙に利用したものといっていい。

障碍に苦しみながらも、巨大な交響曲を作曲した（ゴーストライターの存在については、ここでは問わない）ことと、その作品の芸術的価値には、なんの関係もない。その交響曲が初演されたり、CDになるなどして初めて、その作品は芸術的評価を受ける資格を得るといっていい。そののちに自伝や評伝が書かれ、「現代のベートーヴェン物語」が形成されていく――これが普通の流れだ。

だが、おそらく佐村河内の場合、自伝が出版される前の時点では、公の場での初演やメジャーレーベルからのCDリリースなど望むべくもなかっただろう。それゆえ彼は、この「前後即因果の誤謬」を最大限に利用することにした。つまり、「苦難に満ちた半生を送った人物が作曲する交響曲は、その苦難ゆ、え、に傑作でなければならない」という〈偽りの因果関係〉を捏造《ねつぞう》し、それを書籍としてまず発表したのである。それが、『交響曲第一番』と題された佐村河内守の自伝の正体だ。そして彼らの思惑どおり、読者もまた、たんなる前後関係を因果関係として〈誤読〉することに加担してくれた。「人間はいつでも、因果関係によって世界を理解したいと欲望する生き物」だからだ。

このようにして、「誰も聴いたことのない傑作」は誕生したのである。

◇　◇　◇

もしも佐村河内守が断罪されねばならないとしたら、その最大の罪状は、ゴーストライターを使ったことでも、聴覚障碍の度合を偽ったことでもない。彼の犯したもっとも大きな罪は、ほんらいは〈作曲〉—〈実演〉—〈CD化〉といった〈事実〉の長い時間をかけた積み重ねにたいして、外部からあたえられるはずの評価を、その作品が実体をもつより前に、〈本〉というかたちで自ら捏造してしまったことにある。

そしてそこにこそ、彼の天才は発揮された。「誰も聴いたことのない傑作」を実演やCDという〈音楽そのもの〉としてではなく、〈本〉として発表することにより、自らオーソライズしてしまったこと。それはある意味、彼のなしとげたもっとも芸術的な達成であったといえるかもしれない。

その後の交響曲の実演、ＣＤ化などは、ある意味付けたりのようなものだ。彼が広島出身の被爆二世であることから、屋上屋を架すように加えられた《HIROSHIMA》という副題同様、いかにも安っぽいエピローグにすぎない。世間はその後日譚《たん》のほうを「事件」として騒ぎ立てるが、彼の面目躍如たるところはむしろ、自分の音楽を、世間が聴く前に〈物語〉としてプロデュースしてしまったところにあるのだ。

もしも自伝だけが書かれ、交響曲は幻のまま発表されることがなかったとしたら、どうなっていただろう。「苦難の天才作曲家・佐村河内守」という神話はさらに強化され、後世のカルト的な信奉を集めたりすることも、もしかするとあったかもしれない。

◇　◇　◇

〈騒動〉が一段落して、そろそろ誰の口の端にも上らなくなっていた二〇一六年、森達也監督が映画『ＦＡＫＥ』を発表した。神奈川の自宅に引きこもっていた佐村河内の日常生活に入り込み、映像化した作品だが、結末には彼が自作のオーケストラ曲風の楽曲をシンセサイザーで演奏するシーンが置かれている。

森の意図は（そして、長期間にわたる自宅での撮影を許可した佐村河内の思惑もおそらくは）、「ほんとうは聞こえているのではないか」、そして「作曲する能力がないのではないか」という世間の佐村河内にたいする二つの疑問に、ひとつの反証を提出することであっただろう。

たしかに彼はキーボードを弾き、それなりに感情に訴えかける旋律に和声付けをほどこし、オーケストラ風のサウンドで楽曲を演奏する。ただ、それだけだ。映画の意図が、彼の難聴を証明し、作曲する能力を証明すること――つまり〈事実〉を証し立てることにあったとしたら、それは果たされたかもしれない。しかし、映像が容赦なく映し出すのは、〈物語〉のオーラを剥ぎ取られた無残な〈事実そのもの〉でしかなかった。

05 〈わたし〉が〈わたしたち〉に出会うとき

小学生の時分は病気がちで、よく熱を出して学校を休んでいた。自分の部屋にベッドはあったが、そんなときは母親が世話をしやすいように、居間の隣の父の書斎に寝かされた。書斎の天井まである鉄製の書架は、これ以上本が増えたらどうするんですかと訴えんばかりに、詰め込まれた本の重みに耐えていたし、窓際に置かれた木製の大きな座卓を挟んで対面には、床を這《は》うように置かれた背の低いラックに、膨大なLPレコードとステレオが収まり、やはり威容を見せつけていた。父が仕事でいない日中にひとりで寝ていたので、よけいにそんな印象が強まったのだろう。怖ろしくはなかったが、大人になるということはこんなにたくさんのものを所有するということなのかと、ある種畏怖《いふ》の念を抱いていたように思う。

熱を出すと父の座椅子の後ろに布団を敷いてもらう。ちょうどその低い視点から見やすい最下段に平凡社の百科事典があって、気になることがあると布団からのそのそ這い出して重い事典を棚から引き抜き、細かい文字に読みふけったものだった。棚の下から二段ばかりを占めていた百科事典の上には、父の専門である精神医学関係の単行本が置かれていて、そちらは小学生には歯が立たない。ずっと百科事典でがまんしていたのだが、あるときにふと眺めてみると、一冊の見慣れない本が、棚に加わっていることに気づいた。真っ黒なカバー*に白い文字で『結ぼれ』とある。漢字ばかりのいかめしいタイトルの本の並んでいた棚で、その本だけが異彩を放っていた。

「結ぼれ」という言葉の意味がわかったわけではないが、おそるおそる手にとって真新しい本のページを開いてみると、こんな詩とも散文ともつかない文章が最初から最後まで並んでいた。

◇**母はぼくを愛してくれる。**
　ぼくは心地がいい。
ぼくは心地がいい、なぜなら母がぼくを愛してくれるから。

*38頁の注に記したとおり、「ジャケット」が正しいのだが、わかりにくいので「カバー」とする。

ぼくはいい子だ、なぜならぼくは心地がいいから
ぼくは心地がいい、なぜならぼくがいい子だから
母はぼくを愛してくれる、なぜならぼくがいい子だから。

母はぼくを愛してくれない。
　ぼくは心地が悪い
ぼくは心地が悪い、なぜなら母がぼくを愛してくれないから
　ぼくは悪い子だ、なぜならぼくは心地が悪いから
ぼくは心地が悪い、なぜならぼくが悪い子だから
ぼくは悪い子だ、なぜなら母がぼくを愛してくれないから
母はぼくを愛してくれない、なぜならぼくが悪い子だから。*

こんな調子だ。書かれてあることの意味はわからなかったが、文章は子どもにも読める。なんだかおもしろい。子ども心に、こんなことを感じることもあるなあと親近感を抱いた。上記の箇所を読んだときは、母がカチャカチャと音を立てて台所仕事をしているのを聞きながら、なんだかドキドキしながらページを繰った。

*R.D.レイン著/村上光彦訳『結ぼれ』〔みすず書房、1973年〕16頁。

ただ、なぜそんな本がここにあるのか。ここは父の「勉強の本」が置かれている場所なのに、こんな本があっていいのか——疑問はつのるばかりだった。

その後数年たって、父の書斎はあいかわらず本とLPレコードに埋もれていたけれども、中学に入ってから音楽に取り憑《つ》かれ、小遣いで自分のレコードを買うようになっていたわたしは、父からステレオの使い方を教えてもらい、そのときから、その部屋は少しだけわたしの部屋でもあることになった。

中二になってからはギターも買ってもらって、いよいよ音楽へののめりこみが激しくなった。ご多分にもれず、ヒーローはビートルズだった。LPは高いので、小遣いがたまるとシングル盤を買った。学校から帰って、父が帰ってくるまでの数時間、父の書斎のステレオでビートルズを聴いた。

そんなころ、また父の「勉強の本」の棚に新しい本が加わった。『結ぼれ』の著者レインの新作らしい。『好き?　好き?　大好き?』というタイトル*と、前作の真っ黒なカバーとは打って変わってカラフルなデザインに、思春期まっただなかの心が躍った。

◇ジャックとディックとトムとは親友どうし

*原題は *Do You Love Me?*。

ジルとジェーンとジョーンとは親友どうし

ジャックとジルとが恋仲になる
ディックとジェーンとが恋仲になる

ジャックとジョーンとが恋仲になる

トムはジョーンと恋仲になる
ジョーンはジャックとの恋が破れてトムと恋仲になる
ジェーンはトムと恋仲になる

トムはジョーンとの恋が破れてジェーンと恋仲になる
ジャックはジョーンとの恋が破れてジェーンと恋仲になる

ジェーンはジャックとディックとトムとを得る

ジョーンは自殺する

ジェーンはトムとの恋が破れて
ふたたびディックと恋仲になる

ジャックはジェーンとの恋が破れて
ふたたびジルと恋仲になる

ディックとジルとは知らない
ジャックとジェーンのことを、ジャックとジョーンのことを、
トムとジェーンのことを、トムとジョーンのことを
トムは知らない　ジャックとジェーンのことを*

いま読んでみると、この反復の多い幻惑的な文体に、ビートルズの——とくにジョンの——詩の世界との共通点も感じていたのかもしれない。もしかすると、愛読していた片岡義男訳『ビートルズ詩集**』の独特な直訳調の文体との共通点、といったほうが正確だろうか。あと、カバーデザインも、後期ビートルズの極彩色の世界（ＬＳＤ

*R.D.レイン著／村上光彦訳『好き？　好き？　大好き?』〔みすず書房、1978年〕33-35頁。

**片岡義男訳『ビートルズ詩集１・２』〔角川文庫、1973年〕。

というおくすりとの関係も、なんとなく知っていた）を思わせるものだった。

◇
◇
◇

『結ぼれ』と『好き？　好き？　大好き？』の著者R・D・レイン＊はイギリスの精神科医で、統合失調症（当時は精神分裂病とよばれた）の患者を病院に隔離するのではなく、地域に解放して、患者の周囲の人々の意識の変容によってその治癒をめざす「反精神医学」をとなえたことで知られる。

『結ぼれ』は、原題を *Knot* という。ノットというのは紐《ひも》やネクタイなどの結び目のことだ。ここでレインが人間関係を、それもいちど絡まってしまうとなかなか解《ほど》けない人間関係のむずかしさを、この言葉にこめているのは明らかだ。

人は社会生活のなかで、自分でも知らないうちに、さまざまな自己を使い分けながら生きている。父や母と一緒にいるときは子どもとして、姉と一緒のときは弟として、級友と遊んでいるときは友達として。大人になると、使い分けはその度をましてくる。あるときは威厳のある社長、あるときは熱烈なサッカーファン、あるときは恐妻家、あるときは子煩悩《ぼんのう》な父親——ひとりの人間が場におうじて、あるいは一緒にい

＊Ronald David Laing, 1927–1989.

る人間との関係におうじて、何面相をも使い分ける。

たとえば、わたしは京都生まれで、〈家の言葉〉はいまでも京都弁だが、小一から高校を卒業するまで名古屋に住んでいたので〈外の言葉〉は名古屋弁だった。大学入学と同時に東京で一人暮らしを始め、そのまま東京で就職したので、その後デフォルトの言葉は東京弁というか標準語になり、いまにいたっている。それでも、父母と電話で話したり実家に行くだけで京都弁になるし、ひさしぶりに名古屋に行くと名古屋アクセントが口をついて出る。ひとには「三カ国弁を使い分けるんです」と嘯《うそぶ》くが、じつのところは場と相手におうじて勝手にモードが変わるのである。

よくよく考えてみると、これは驚くべきことだ。どうしてこのような使い分けができるのだろう。そして、どうしてこんなに違う自分が、同じひとりの人格であるといえるのだろうか。京都弁のわたしと名古屋弁のわたしと標準語のわたし、父であるわたしと夫であるわたしと編集者であるわたしが、一人でありながら複数であり、複数でありながら一つの人格を形成できるのはなぜなのだろうか。

〈わたし〉は一つではなく、その場その場で、そのつど、さまざまな相手におうじて、さまざまな〈わたし〉が現れる。〈わたし〉は本来的に〈複数〉なのである。とすれば、複数の〈わたし〉を統合する〈自己〉はどこにあるのか。いくつもの〈わたし〉のどれかがほんとうの〈わたし〉なのだろうか——。

いや、〈自己〉と名ざせるものなど、どこにもない。自己とはある種の作用のようなもので、複数の〈わたし〉を一つのものとして感じさせるようななんらかのはたらきなのではないか。

統合失調症とは、文字どおり、このはたらきが失調をきたし、誰もが無意識のうちにやってのけている人格の統合がうまくできなくなって、社会的に問題を引き起こすことをいうのだろう。だとしたら、その患者を病院に隔離し社会から引き離して治療をおこなうよりも、かれをとりまく社会環境ごと考察の対象とすべきだとレインは考えた。統合失調症とは関係の病なのであり、その意味で社会の病なのである。

このことはわたしに西洋音楽のありようを思い起こさせる。楽譜に並んだ音符は、一つひとつを取ってみても音楽とはいえない。複数の音と音とがどのように並べられ、どのような組み合わされるか——その関係性こそが音楽であり、音楽とは音と音とを関係させるはたらきであるといえるだろう。阪上正巳によれば*、アントン・ウェーベルンは統合失調症気質だったというが、音と音との関係性を無視するような彼の音楽を聴けば、たしかにその傾向がよく表れているような気がする。

いや、無音を「音楽」と称したジョン・ケージの《四分三三秒》のような例もある

*阪上正巳『精神の病いと音楽』(廣済堂出版、2003)

ではないか、と言われるかもしれないが、あれは言ってみれば無音を「音楽」と称することによって、〈無音の音楽〉と〈一般的な音楽〉との関係性を創出し、「音楽とはなにか」という問いを顕在化させるこころみであり、そのメタ的な関係性こそがケージの「音楽」なのだと解釈することが可能だ。

　複数の音と音のあいだをつなぐ「音楽」というはたらき、複数のわたしとわたしのあいだをつなぐ〈自己〉というはたらき――それらを成り立たせているのは、それら複数に散らばったものを一つのものとして読む感性である。逆にいえば、読むという技術は、まずもって複数のものを受け入れ、俯瞰《ふかん》する、きわめてリベラルな感受性を必要とする。

　社会の構成員一人ひとりが、おのおの複数の〈わたし〉を抱え、曲芸さながらの使い分けをしながらかろうじて〈自己〉を維持している。かれら自身が無意識のうちに発揮しているこのリベラルな感性をもって、〈わたし〉の統合に不全をかかえる人を受け入れること――レインがめざしたことは、かれ自身の芸術的な感性に裏打ちされたきわめて創造的ないとなみだったといえるだろう。

◇　◇　◇

もちろん、ここに書いたのは後知恵であって、小・中学生のころの自分は、レインの著書を読んでも、たまさか変わった本を見つけて、面白がるていどの理解しかしていなかった。ただ、約四十年たったいま、同じ本を手に取ると、あのころの自分の感覚がいっきに蘇ってくる。子どものころの〈わたし〉と現在の〈わたし〉とが、一瞬で重なりあう。と同時に、〈わたし〉が齢《よわい》を重ねるとともに子どもの〈わたし〉とは違った人間に変わってしまったことも、否応なく思い知らされる。

そう、〈わたし〉は時間の隔たりにおいても複数だったのだ。それをつなぐはたらきとしての〈自己〉は、子どもの〈わたし〉の感性も、いまの〈わたし〉の感性も、同等のものとして芸術的に統合してくれている。

そして、この〈わたし〉の通時的かつ共時的な複数性を統合するこのはたらきが、その複数のありようを俯瞰し一つのものとして読むことに負っているとするならば、その統合のよすがが、わたしにとってレインの書いた書物であったことは象徴的に思える。

書物というひとつのものが存在するからこそ、複数の読者が同じテクストを読むことができる。その複数性は、同時代にだけでなく違った時代にもひろがって、書物にはおびただしい数の読みが堆積《たいせき》していく。それだけではない。〈わたし〉自身が何回も同じテクストを読むことにより、書物は〈わたし〉がみずからの複数性を確認するよすがにもなるのである。

これは音楽も同じだ。佳き芸術作品は受け手の複数性をまるごと受け入れる器であり、その複数であるありさまをそのまま映し出す鏡だ。芸術作品に対峙した〈わたし〉は複数である〈わたしたち〉と出会い、旧友と再会したときのような懐かしさをおぼえたり、見知らぬ者を見たときのように驚いたりするとともに、そのいずれもがまぎれもなく〈わたし〉にほかならないことを確認する。

〈わたし〉を〈わたしたち〉として発見すること、〈わたしたち〉を〈わたし〉として読むこと――書物や音楽などが作品というものを媒体としてあたえてくれるこの体験が、わたしの〈自己〉を形成すると同時に、わたしが他者と出会い、関係するしかたを教えてくれる。

それは芸術のあたえてくれる副次的な体験などではない。その体験こそがアートそのものなのである。

06 音楽は書くもの／読むもの

子どものころから音楽は好きで、テレビの歌謡番組なども楽しんで観ていたが、音楽に本格的にはまったのは中一の夏休みのことだ。岐阜県高山市で小さな医院をいとなんでいた祖父の家に家族で帰省する車中で、ラジオから流れてきた洋楽に、それまでに触れたことのない広大な世界を感じ、心から「いいな」と思った。ジョン・デンヴァーの《故郷へ帰りたい》*だった。

中二からはビートルズにはまり、エレキ・ギターを手に入れて、級友たちとバンドを組んだ。そのころから、ギターが上手くなることよりも、「曲を書く」ことに魅力を感じていた。拙《つたな》いながらも一曲一曲、自作曲が増えていくことがうれしかった。

中二でギターを買ってもらったのは、定期試験で「学年で二番」になったご褒美《ほうび》

＊原題は *Take Me Home, Country Roads*。ジョン・デンヴァー、ビル・ダノフ、タフィー・ナイヴァートによる共作で、1971年に発表され、ビルボード全米第２位のヒットを記録した。

だったから、そのころはそれなりに「できる子」だったはずだが、バンドにはまって成績がどんどん悪化するというお定まりのコースをたどった。名古屋の北の端にあるお世辞にも一流とはいえない高校に入学すると、さらにバンド熱が高まり、おまけに、当時市内では一二を争う強豪だった高校の合唱部でコーラスに明け暮れることになったから、親としてはとんだご褒美をあげたものだと後悔したことだろう。

高校時代に組んでいたフュージョン・バンドでは、ジャズのできそこないのような曲を書き（当時人気だったカシオペア*の真似っこ）、高校の合唱部では『鉄腕アトム』の主題歌**などのポピュラーな曲をアカペラの四声体に編曲したりして楽しんでいたが、いま振り返ると、まず「楽譜を書くことが好き」というプリミティヴな欲望がベースにあって、「自分が書いた楽譜が音楽になる」ということの不思議に取り憑かれていたのだと思う。

このバンドとコーラスの二刀流は、大学に入って東京で一人暮らしを始めると拍車がかかり、大学のグリークラブ（男声合唱団）で忙しいのに加えて、別の大学の軽音サークルに顔を出してキーボードを弾き、下宿に帰ると深夜まで作曲にいそしむという音楽生活が始まった。そのころも、バンドやコーラスのために「楽譜を書く」ことが関心の中心を占めており、自家製本した「作品集」が一冊また一冊と増えていくこ

＊５つ違いの姉が大学時代に、当時まだ無名だったカシオペアのファンクラブ「サウンドファミリー」に参加していて（会員番号が１桁だといつも自慢していた）、名古屋に帰省するたびにカシオペアの話をするものだから、自然にファンになってしまった。
＊＊そして、ちょうどそのころ（1980年）日本テレビで放映された『鉄腕アトム』の主題歌のバックをつとめていたのが、やはりカシオペアだった。

とがうれしかった。それはもちろん、自分のバンドで演奏したり、コーラスで歌ったりという実際的な目的のために書かれたものだったが、拙いながらも、西洋音楽の普遍的な記譜法によって記述し、一冊の本というものにまとめあげることによって、自分個人の小さな存在を超えて、「この世界とつながる何かを残した」という達成感を味わうことができたのだ。

◇　◇　◇

作曲することを〈書く〉というのは、おそらく西洋音楽および西洋音楽の影響下にある音楽ジャンルに特有のことだろう。民族音楽にはそもそも作曲という概念がないだろうし、日本の伝統音楽においては「新曲をつくる」ことはあるし独自の楽譜も存在するが、曲をつくることじたいを〈書く〉とは表現しないはずだ。

ハワード・グッドールが『音楽史を変えた五つの発明』*の筆頭に挙げている「発明」は、紀元一〇〇〇年前後にイタリアで活躍した修道士グイード・ダレッツォが、当時もちいられていた記譜法を改良し、歌詞の上にF（ヘ音）を示す赤い横線を引いたことである。それ以前も、歌詞にたいして音高（ピッチ）の上げ下げや、伸ばすか

*ハワード・グッドール著／松村哲哉訳『音楽史を変えた五つの発明』〔白水社、2011年〕。

切るかを指示するための波線やアクセントなどの記号（ネウマと称される）はもちいられていたが、それはいわゆる奏法譜（タブラチュア）といわれるもので、あくまでも演奏者の記憶を補完するものにすぎなかった。初心者も多かったであろう修道士たちに聖歌を教えるには、どうしても「基準となる音」を示す必要があったのである。

◇音楽が正確に書き記されるようになったことで、個人の記憶力に頼る必要がなくなり、より複雑な曲を数多くつくって後世に残すことが可能になった。言い換えれば、グイードはそれまでとはまったく異なる種類の音楽家、つまり「作曲家」登場への道を開いたと言える。グイードの死後に起きた変化のなかでとりわけ印象に残るのは、コンセプチュアル・アーティスト――つまり楽器を使って即興演奏をするのではなく、新しい音楽のアイデアを自分の頭のなかで思いつく人間――の登場によって、曲を演奏する人間に代わり、曲を考える人間が音楽の担い手になったことだ。*

グイードの「赤い線」はほんの小さな一歩にすぎないが、「書かれた楽譜」が中心となってその後展開していくことになる西洋音楽史において、もっともインパクトのある「発明 *Big Bang*」であった、というのがグッドールの主張だ。「楽譜さえあれば、時

＊グッドール：前掲書、46頁。

代や洋の東西を超えて、誰でも同じ曲を演奏することができる」――わたしが自分の曲を本のかたちにまとめたときに感じた「世界とつながる何かを残した」という満足感は、じつに千年前にひとりの修道士が引いた一本の線にその淵源を発していたのだ。

◇　◇　◇

◇一九六〇年代の後半というのは、私はちょうど音楽大学にいた頃でして、その頃出てきた本、ルネ・レイボヴィッツの「シェーンベルクとその楽派」とか、柴田南雄先生の「西洋音楽史　印象派以後」というのは、私にとっては非常に強い影響を受けた本なわけですね。こういうものの影響を受けたからこそ、何を間違ったか作曲家になった。*

作曲家の近藤譲は、お茶の水女子大学でおこなわれた「音楽批評」をテーマとする公開シンポジウムでこのように発言している。わたしもパネリストのひとりとして、出版社の経営者および編集者という立場から、ここでテーマになっている時期（一九六五～二〇一四年の五十年間）の音楽と出版の関係について話をしたのだが、**とくにこ

＊お茶の水女子大学 シンポジウム・シリーズ「批評：その文化芸術活動に於ける力」――東京シンポジウム「現代の音楽を巡る言説の半世紀1965-2014」お茶の水女子大学、2015年1月11日。
＊＊近藤が司会をつとめ、その他の登壇者は石塚潤一、長木誠司、沼野雄司の各氏だった。

の近藤の発言をおもしろく思った。

「本を読んで作曲家を志した」――それほど考えたうえでの発言ではなかったかもしれない。ここであげられている二冊の書籍と出会うまえに、近藤はすでに音楽大学に入学していたわけだし、作曲家になるための勉強もしていただろう。ただ、彼にとってこの二冊の本が、「作曲家になる」というみずからの決意を後押しする、象徴的なメルクマールとして記憶されていたということが重要だ。

自分より前の世代・時代のさまざまな音楽を聴いて、「こんな曲をつくりたい」「自分ならこのようにしたい」と、作曲への願望をつのらせることはあるだろう。しかし、近藤にとって作曲家になるというのは、それを超えて、ひとことでいえば「書く人になる」ということだったのではないだろうか。その願望が〈本〉というものに仮託され、みずからの決意を象徴するものとして記憶にとどめられたのだろう。

作曲家は〈書く人〉である――西洋音楽において誰も疑うことのないこのテーゼは、千年前にグイード・ダレッツォが考案した音高を示す「赤い線」に端を発するものである。その線が、演奏する者と作曲する者を分け、書くことによって音楽を創造する〈作曲家〉という存在を生み出した。記譜法は千年のあいだに洗練され精緻《せいち》化されて、現代においては図形楽譜などさまざまな特殊な記譜法も編み出されている。どのように特殊な楽譜であっても、読み方というものがあり、それを習得しさえすれば、誰にでも読むことができる――作曲とはその考えを前提としたいとなみである。

単純化してしまえば、音楽の世界において、千年前には〈音楽家＝演奏する人〉だったのが、〈書く人〉としての作曲家が生まれ、それと同時に〈読む人〉としての演奏家もまた生み出された。作曲家は楽譜を書くことによって、時代を超え地域を超えて、不特定多数の〈読み手＝演奏家〉に演奏可能な音楽を提供し、その〈読み〉を競うことが演奏家の仕事になった。演奏家だけではない。十八世紀のヨハン・マッテゾンや十九世紀のローベルト・シューマンなどに代表される〈音楽批評家〉という存在もまた、その〈読み〉の競いあいに参戦する。現代においては、一般の聴衆がインターネットをつうじて〈読み〉を披瀝《ひれき》しあっている。西洋音楽は〈書くもの〉であり〈読むもの〉なのである。

作曲家が〈書き〉、それを演奏家が〈読む〉という構図から、一般的には作曲家を頂点として、演奏家→批評家→聴衆へと下るヒエラルキーがイメージされるが、近藤譲はそのヒエラルキーにははっきりと異議をとなえている。

◇曲は、一つの音楽的存在として製作され、したがって、伝達媒体としては不透明であって、

多義的な解釈を許す。それは、聴き手にとって多義的であるだけではない。作曲者自身にとっても、曲は、その作曲の切っ掛けとなったイメージや計画の内のみに留まるものではない何かとして現われるのであり、それが何であるのかは、謎である――少なくとも私は、一人の作曲家として、いつもそう感じている。作曲者と聴き手は、それぞれに、この不透明な音楽的存在（すなわち曲）を解釈する。その意味で、作曲者は、一人の聴き手と対等の立場にある。両者が、同じ一つの曲を解釈するということによって、そこに、曲を介した一種のコミュニケーションが成立するといえるかもしれないが、そのコミュニケーションは、「送り手＝作曲者」から「受け手＝聴き手」へという一方向的な形のものではない。*

音楽は作曲家にとっても、演奏家や聴き手にとっても、ひとつの〈謎〉なのである。その謎の前に、作曲家も演奏家も批評家も聴衆も〈読み手〉として平等である。一曲一曲の作品を〈場〉として、そのつど *ad hoc* 立ち上がるヴァーチャル（仮想的）なコミュニティ、そして〈謎を解く〉というモチベーションをもつかぎり誰もが同等の参加資格を有するきわめてリベラルなコミュニティ。

ただ、その謎を謎として存在させるのは、やはり書くという行為であろう。作曲家がみずからの音楽的身体を離れて、普遍的言語によって楽譜を書くとき、それは当の

*近藤譲『〈音楽〉という謎』〔春秋社、2004年〕196頁。

作曲家にとっても〈読まれるべき客体〉となる。作曲することで、作曲家もまた〈謎〉を読み解く人々〉のなかに参入するのである。

近藤が「本を読んで作曲家を志した」というとき、このヴァーチャルでリベラルなコミュニティを支える〈場〉としての作品——すなわち、象徴的に言えば、〈謎〉として読み解かれるべき〈本〉——を書きたい、という意識があったのではないか。それは、わたし自身が楽譜を書くことで感じていたプリミティヴな〈世界とつながる意識〉とも、どこかで通底するものなのではないかと思うのである。

間奏　Innig, lebhaft　内的に、いきいきと

Innig, lebhaft

書かれていないことを読む

毎年夏の終わりになると、桐朋学園大学が夏休みに学生を対象に開催しているキャリア講座の講師をする。一年生から四年生まで（ときには大学院生も含めて）二〇名ほどの学生が参加し、それぞれ自分の興味や志望におうじてレコーディング・コース、出版コースに分かれて見学や実習をする。出版コースは午前中、全音楽譜出版社を訪問して楽譜出版について学んだのち、午後は神保町の「学び舎《や》遊人」*でわたしの書籍編集の話を聞く。夕方にはレコーディング・コースの面々も神保町に集結し、それぞれの学びを発表しあって共有する、という一日がかりのプログラムである。

出版コースの受講生のなかには真剣に出版社を志望している学生もいるだろうが、ほとんどは「何か音楽に関係のある仕事につきたい」と漠然と思っているだけだから、「出版とはなんぞや」といったことをがっつり話

*もとレコード・ディレクターでいまは大学教授、編集者、イベント主催者などとして各方面で暗躍（?）する坂元勇仁さんの会社、ユージンプランニングが運営するイベント・スペース。坂元さんとは、ちょうどわたしが独立・起業を考えはじめた時期に、ある勉強会で出会い、そのころ企画・編集を担当されていた隔月刊の音楽情報誌『あんさんぶる』への本やCDレヴューの連載を依頼してくださった。↖

してもあまり意味がない。それよりも、音楽大学の学生たちが、自分がいまいる場所で音楽活動に取り組むうえでヒントになることを、出版とか編集といった視点から提供したほうが有益だろう。そのため、わたしの講座は毎回、講義というよりもワークショップの様相を呈することとなる。

これまでは、出版企画書をつくってみたり、架空のイヴェントを企画してタイトルを付けたり、演奏会に見知らぬ人を百名集めるにはどうしたらいいか考えたりした。たいていは三、四グループに分けて、そのなかで提案者とまとめ役を決めて会議をしてもらい、その結論を発表してもらう。つまり出版の世界に置き換えれば、提案者が著者、まとめ役が編集者、その他のメンバーはさまざまな立場から視点を提供するというわけである。結論の発表を聞くのも楽しいけれど、いちばん面白いのは、それにいたるまでのワークの時間。各グループでの話し合いから漏《も》れ聞こえてくる会話を聞いていると、ひとりひとりの個性がだんだん見えてくる。それが楽しい。

↘いらい坂元さんが編集を離れるまでの10年間、2カ月に1度、平均1800字の原稿を書きつづけた。社業以外に定期的な仕事をもつのはたいへんだったが、またとない文筆修行になったし、なにより日々脳裏に去来する思いやアイディアを、レヴューの体裁をとりながらも形にしていくことができたのは、「書きながら考える」タイプのわたしにとって、なによりもありがたい思考の場であった。その意味で坂元さんは、本書の生みの親のひとりといってもいい。

◇ ◇ ◇

さて、今年も八月末におこなわれたこの講座。*今回お題に選んだのは、「音楽とことば」だ。毎年講座のなかでかならず話題にするテーマだが、あらためて主題に据えて、学生といっしょに考えてみたいと思った。テクストにしたのは、吉田秀和のホロヴィッツをめぐる音楽評論である。

あの一九八三年のホロヴィッツの初来日公演を「ひびの入った骨董」と評した有名な評論のほかにも、吉田はホロヴィッツについていくつかの文章を残しているが、それらを通して読めるのが、『言葉のフーガ 自由に、精緻に』**というアンソロジーである（これはまさに「ベスト・オヴ・吉田秀和」ともいうべき素晴らしい書物で、白水社版『吉田秀和全集』***の編集担当者であった山本康さんが同社を退職後、みずから四明書院という版元を立ち上げて出版した）。

学生たちには、「こういうシューマンをひく人は」****「力を克服した超絶的技巧」*****「来日独奏会をきいて」******の四篇（最後の「来日独奏会をきいて」は二つの評論をならべてひとつの題を付したもので、その前半が例の「ひびの入った骨

*2018年。
**吉田秀和『言葉のフーガ 自由に、精緻に』〔四明書院、2011年〕。
***白水社、1975年から2004年まで全24巻を刊行した。
****初出はCBSソニー盤のライナーノーツ〔1970年〕。
*****初出は日本コロムビア盤のライナーノーツ〔1964年〕。
******初出は朝日新聞「音楽展望」〔1983／1986年〕。

董」である）を事前に読み、とくに「来日独奏会をきいて」の二篇について、なんでもいいから気づいたこと、興味をもったことを三点選び、それぞれについてわかることを調べてくるように、と伝えておいた。

そして講座当日、まず全員にそれぞれ三点ずつ選んできたトピックをホワイトボードに書き出してもらったのだが、その結果は（少なくともわたしにとっては）とても興味深いものだった。

◇　◇　◇

まず、吉田秀和の文章を読んだことのある者はひとりもいなかった。不思議なことではない。これまで三十年、音楽書をつくりつづけてきて、「音楽を勉強している学生ならば音楽評論を読んでいるはず、あるいは読んでいるべき」などと考えるほどナイーヴではなくなっている。

ただ、吉田秀和は桐朋学園の母体となった「子供のための音楽教室」の創立者のひとりである。音楽評論家が創立にかかわったというユニークな沿革は、大学のアイデンティティとしてとりたてて強調するべきことでもないのかもしれないが、その存在がほとんど学生に意識されていないという事実は、予想していたこととはいえ、少しさびしいことではあった。

圧倒的に多くの学生が筆頭にあげたのは、彼の文体の魅力である。これも驚くことではないだろう。吉田の評論文の特徴は、「評論がそのまま芸術作品である」とも評されるほどに彫琢《ちょうたく》された文章表現、しかも天衣無縫とも思えるほどに推敲のあとを感じさせない自由闊達《かったつ》さであって、なかなか出会えるものではない。学生たちはまず、「音楽をこんなふうに文章にできるなんて」と感じ入ったようだった。

◇　弱音、最弱音、さらには微弱音と音量を減らすにつれ、曲は静寂と神秘の世界に入ってゆく。この世界へ私たちを誘導するのは、水晶のように澄んで、極度に硬質で、かすかな艶光を残した響きである。あるいはときに赤ん坊の皮膚みたいに薄くて柔らかい響きもある。*

これなどは、まさに吉田の名筆のきわみともいうべき文章であって、多くの学生がこの箇所をとりあげて、その比喩の巧みさに感じ入っていた。

*1986年の再来日公演の評論より。吉田：前掲書、405頁。

わたしもその点にまったく異論はない。

それよりも驚いたのは、思いのほか多数の学生が（出版コースに参加した九人のうち三人か四人が、それをあげていたから、統計上「有意」の割合と判断せざるをえない）ホロヴィッツとルビンシュタインの関係について関心をもった、ということである。

この点については説明が必要だろう。吉田は一九八三年のホロヴィッツの初来日公演の評論のなかで、彼の演奏を厳しく批判したのち、文章の結び近くでこのように書いている。

◇こういう私でも、かつての彼〔ホロヴィッツ〕の天才ぶりを疑うことはできない。あの、ピアノを鳴らすことにかけて天下一品の名手、自分の天分に底ぬけに楽天的自信もっていた〔ママ〕ルビンシュタインが、名声の絶頂にいるとき。ホロヴィッツのデビューをきいて、絶望し、自殺を考えたというのは、彼が自伝で告白している。もっとも、そのあと、彼は、だがホロヴィッツの音楽性は大したことがないと考え、思い直したとかき加えていたはずだ。それにしてもルビンシュタインをそこまで考えつめさせたというのだから、ホロヴィッツの演奏に関し、

これ以上のお墨付きはあるまい。*

参考として学生に読んでおいてもらった一九七〇年のレコードのライナーノーツでも、吉田はホロヴィッツとルビンシュタインについて、このように述べている。

◇二人とも、ロマン派の音楽を得意とする巨匠であるが、ホロヴィッツの痛ましいまでに鋭くとぎすまされた感覚、近代性というものが、ルビンシュタインにはない。彼はもっと円満な、平常心の大家である。それにピアノの音も、ルビンシュタインのは円く柔らかく充実していて、音それ自体で自足しているところがあるのに対して、ホロヴィッツのは、きくものの神経につきささってくるような烈しさと鋭さがある。**

神経質で天才肌のホロヴィッツと、人格円満の大家ルビンシュタインという対比の妙、そしてルビンシュタインがホロヴィッツのデビューに接して自殺を考えたというエピソードもショッキングだったのだろう、学生の

＊吉田：前掲書、403-404頁。
＊＊同前、392頁。

中にはとくべつにこの二人の関係について調べてきた者もいた。

それにしても、評論の文体にしてもルビンシュタインにしても、吉田がホロヴィッツについて何を書こうとしたのか、何を書かずにはおれなかったか、という観点からすれば、脇道といってもいい。いや、わたしは学生たちに「何でもいいから気になったポイントを」と要求したのだから、この点をもって彼女たちを難じているわけではない。学生たちがどうして、「本論」からそれて、これらの脇道に足を止めたのかということを考えてみたくなったのである。

◇　◇　◇

一九八三年、あと少しで八十歳という伝説の巨匠ホロヴィッツの初来日は、クラシック音楽界の一大ニュースであった。当時わたしは大学に入ったばかりだったし、グリークラブで合唱をやるほかはバンド活動に夢中だったから、とくに興味もなかったが、クラスのクラシック好きが騒いでいたので、少しはおぼえている。「法外」ともいわれたS席五万円のチケットが即日売り切れになったことも、ニュース番組が伝えていた。

実演に接した吉田秀和が六月十七日の朝日新聞夕刊「音楽展望」で発表した評論は、前述のとおり「ひびの入った骨董」というフレーズとともにたいへんな反響をまきおこした。それは、全盛期を過ぎたかつての巨匠の演奏にたいする厳しい批評というにとどまらず、バブル前夜の拝金主義的な風潮の蔓延《まんえん》する音楽業界への鉄槌《てっつい》でもあった。

ちなみに、「ひびの入った骨董」という言葉そのままが吉田の文章にあるわけではない。問題の文章はこうだ。

◇私は人間をものにたとえるのは、インヒューマンなので好きでない。しかし、今はほかにいいようがないので使わせていただくが、今私たちの目の前にいるのは、骨董としてのホロヴィッツにほかならない。骨董である以上、その価値は、つきつめたところ、人の好みによるほかない。ある人は万金を投じても悔いないかもしれないし、ある人は一顧だに値しないと思うかもしれない。それはそれでいい。だが、残念ながら、私はもう一つつけ加えなければならない。なるほど、この芸術は、かつては無類の名品だったろうが、今は——最も控えめにいっても

――ひびが入ってる。それも一つや二つのひびではない。*

吉田はホロヴィッツよりちょうど十歳若い。当時、あと数ヵ月で七十歳に手が届く、すでにして押しも押されもせぬ大家だった彼にしても、大手音楽事務所がついに招聘《しょうへい》に成功し、空前の入場料を惜しげもなく差し出す聴衆の前に、現人神《あらひとがみ》のごとく降臨した巨匠の演奏にたいし、このような厳しい文章をつきつけるのはたいへんに勇気のいる行為だったことだろう。またそれを掲載した朝日新聞にしても、ひじょうなリスクを覚悟しながら、吉田の批評眼に賭けたことであっただろう。

そして、吉田こそはホロヴィッツの演奏に心酔し、彼の存在を、ある意味で自分の美意識の先導者あるいは同志とみなすくらいに心強く感じ、信奉していた評論家のひとりであった。そのことは、学生たちに参考に読んでおいてもらった二篇のレコード・ライナーノーツ（一九六四年と一九七〇年の二つ）に明らかだ。先に引いた一九七〇年のライナーノーツにある「ホロヴィッツの痛ましいまでに鋭くとぎすまされた感覚、近代性」とは、そのまま吉田の評論にもあてはまる特徴である（ついでにいえば、吉

＊吉田：前掲書、401頁。

田がいち早く日本に紹介し高く評価したもうひとりのピアニスト、グレン・グールドへの評言をも思わせよう)。つまり、みずからの美意識の体現者として、ホロヴィッツの実演に接することを誰よりも望みながらそれを果たせず、しかたなくレコードのライナーノーツに、その憧れともいえる感情を書きつづっていたのが、ほかならぬ吉田だったのだ。

だから、あの「ひびの入った骨董」という文章は、その憧れのすえについに来演に接し、心に思い描いていたイデアが無残なまでに崩れ去っていくさまを、じっと見つめつづけなければならなかったひとりのファンの、愛ゆえの評言ととらえなければならない。

そしてよく知られた後日譚《たん》がある。初来日公演のあと、吉田の評論を読んだホロヴィッツは「自分の演奏を正しく評価したのは吉田秀和だけ」と認めて再起を誓い、三年後の一九八六年、八十三歳を目前に再来日を果たした。先の印象をくつがえす素晴らしい演奏を繰りひろげ、吉田もまたこのように拍手を送った。

◇……**この人が先年の不調を自分でもはっきり認めて、なんとかして自分の真**

の姿の記憶を残しておきたいと考えて、遠路はるばる再訪してくれたことに、心から感謝せずにいられない。*

学生たちを魅了した「水晶のように澄んで、極度に硬質で、かすかな艶光を残した響き」とか「赤ん坊の皮膚みたいに薄くて柔らかい響き」という絶妙の比喩も、この再来日公演に接してのものである。往年の名演を彷彿とさせる演奏に接し、吉田の心が思わず知らず、評論家としての自制をすり抜けて筆を滑らせたかのようにも思え、かえって痛いくらいの憧憬を感じさせる。

◇　◇　◇

以上は、学生たちに読んでもらった四篇の評論から、吉田秀和のホロヴィッツ評というものが総体的にどのようなものだったのかを、わたしなりに読みとり再構成したものである。別に、このほうが読みが深いとか言いたいわけではない。インターネットを検索していくつかの記事を読むだ

＊「音楽展望」〔1986年７月３日〕。吉田：前掲書、407頁。

けで、誰でもこれくらいの解釈には到達するだろう。それよりも、学生と自分とでは、どこに目を止めるかがまったく違っている、そのことが興味深いのである。

わたしが調べたのはすべて、吉田の文章に「書かれていない」ことである。要するに「裏取り」である。一九八三年といえばホロヴィッツはそして吉田は何歳なのか、「空前の入場料」とは書かれているが具体的にいくらだったのか、吉田が過去に接し強烈な印象を受けたという「第一回のTV放映」とはいつのことなのか――すべて、想像の入りこむ余地のない事実だ。ある文章を読んで、そこに書かれていることをより深く理解しようと思ったら、その文章の背景にある事実をひとつひとつ積み重ねて、文章が直接言及したり表現していること以外の空白をできるだけ埋めていくのが常道だろう。

それに対して学生たちは、吉田の文章表現の絶妙さにまず心を奪われ、何人もがその巧みな比喩を列記していた。また、ホロヴィッツのかつての栄光を想起させるために、吉田が紹介したルビンシュタインの逸話に着目した学生は、演奏を聴いて自殺したいと思わせるほどの才能とはどういうものだったのかということを考察していた。吉田が「演奏は、機械を通じて経験すると、どうしても何かが変らざるをえない」*と述べていることに反応して、レコードと実演のちがい、さらにはレコードによって失われるものはなにかということを掘り下げた学生もいた。

もちろん、一九八三年と八六年の公演がじっさいにどのようなものだったのか、YouTubeで聴いたという学生も何人かいたし（驚くべきことに、いずれもフルで聴けるのである。恐ろしい時代だ）、八三年の「ひびの入った」演奏がじつは年齢からの衰えではなく、たまたまそのときに処方されていた薬物の影響だったとする記事を見つけて報告してくれた人もいた。これなどは、りっぱな「裏取り」といっていい。

しかし、全員に各三つの注目ポイントをあげてもらったのちに、グループに分かれて話し合ってもらい、再度グループごとに三つのポイントをあげてもらったところ、どのグループも「文章表現」「ホロヴィッツとルビンシュタインの関係」「レコードと実演のちがい」を選んでいたから、彼女たちにとってこの三つはやはりとても重要だったということがわかる。

つまり、学生たちはこぞって「そこに書かれていること」に注目してい

*1983年の公演評。吉田：前掲書、402頁。

る。「書かれていることの背景にどういう事実があるのか」ではなく、「何が書かれているのか」「どう書かれているのか」「書かれていることの意味とは何か」こそが重要だと考えたわけだ。そして、わたしにとってはこのことがとても興味深いのである。

ここからはすべて推測にすぎないが、これはもしかしたら、音楽教育のあり方に起因することではないか。桐朋学園大学がとくにそうだということではなく、おそらくどこの音楽大学でも、また大学にかぎらず、音楽教育の現場ではどこでもあたりまえにみられる傾向として、学生たちはまず「楽譜に書かれていること」を読みとり、まちがいなく演奏することを求められるだろう。ポピュラー音楽とちがって、クラシック音楽は「楽譜に書かれていることがすべて」という前提がある。その楽譜にたいする姿勢が、もしかするとそれ以外のテクスト――本でも雑誌でも映画でも、あるいはウェブサイトでも――を前にしたときの姿勢にも影響をあたえているとしたらどうだろうか。

「そこに書かれていないこと」を調べることに思いいたらないとか、それが面倒くさいということではないのだ。「そこに書かれていること」の背後にある事実に光をあて、そこから「書かれていること」の意味を考えなおすという研究態度は、学生たちにとっては無意識に避けるべきことと考えられているのかもしれない。

◇　◇　◇

吉田秀和の文章を読んで、彼女たちがもっとも注目したその文章表現の巧みさは、音楽でいえば楽譜に書かれた気の利いたパッセージのようなものなのだろう。先生から教材としてあたえられた楽曲のなかに、ひとつでも多くのお気に入りのフレーズやハーモニーを見つけること。音楽の理解とは、彼女たちにとってつまりはそういうことなのかもしれない。

しかし、何十年のあいだ実演を聴きたいと願いながらもレコードでその演奏に接するほかなかったホロヴィッツが、ついに来日を果たし、ベートーヴェンやシューマン、ショパンを演奏してくれている姿を目の当たりにしながら、「ひびの入った骨董」ということばで、みずからの思い描いていたイデアに別れを告げなければならなかった吉田秀和の無念や、その吉田の心の叫びをただしく受けとって三年間の精進ののちにリヴェンジを果たさんと再来日した巨匠の乾坤《けんこん》の思いは、「書かれていること」だけからはとうてい読みとることはできない。

月並みな表現だが、「行間を読む」ということ。「読む」とはつまり、「そこに書かれていないことに思いをいたす」ことにほかならない。巨匠の最晩年に彼と極東の一音楽評論家とのあいだでかわされた心の交歓は、文章のどこにも書かれていないところで起こった奇跡といっていい。そして、「書かれていること」による万人に開かれた情報伝達と同時に、「書かれていないこと」を通じての一対一のひそやかなコミュニケーションが生じるのが、「読む」ことの不思議なのである。

毎回、学生たちの引率者として講座に参加しているある先生は、わたしの講座が終わったあと、「私も学生のころは、音楽の勉強に明け暮れていて、本を読もうなどと思ったことがありませんでした。本を読むことの大切さを知ったのはここ数年のことです」と言った。出版業界を志すか否かにかかわらず、音楽をする人にこそ、読むことの起こす奇跡を知ってもらいたい。音楽をするということは、楽譜に書かれた普遍的な芸術を再現す

ることであると同時に、楽譜に書かれていないことを読みとってくれる
たったひとりの聴き手に、みずからの思いを届けることでもあるのだか
ら。

誰と出会っているのだろう?

07 夜空の響きを聴く

持って帰りたくなる音、というものがある。

音はかたちをもたない。耳に届いた瞬間に消えてしまう儚《はかな》いもの。わかってはいるけれど、たとえようもなく美しい、あるいは生き生きとした音を聴いたとき、いままでとはまったく違った風景が眼前に広がり、世界の見え方が一変したような気がして、この景色を大判の写真に写し、手にくるんで持って帰れたら、と願ってしまう。

この感覚を薄れさせない方法があれば、と心から思う。なんとかして、その光景を記憶に刻み、とどめておこうと、目を閉じる。けれど、目を開けた瞬間、心の眼に見えていたはずの風景は、思いとはうらはらに、私の小さな身体を通過して、大気中へと飛び立ってしまう。

◇　◇　◇

◇私にとって、花火の音は夜空の響きであり、その反響は夜空の広さそのものである。*

エッセイストの三宮麻由子さんをどうしても紹介したいと、友人から一冊の本を預かったとき、かすかに気後れのようなものを感じた。三宮さんの著作を読んだことがなかったし、調べてみると、全盲（三宮さんはsceneless と表現する）にもかかわらず仏語堪能、ピアノも音大をめざしたほどの腕前で、現在は外資系通信社に勤務という。周囲にも何人か彼女の文章のファンがいて、それがまた気後れを増大させた。

まずは読んでみようと、渡された本を少しずつ読みすすめた。さまざまな音をめぐる体験エッセイといった趣で、とても軽やかで楽しい本だったが、仕事の合間や、混雑する電車の中で、あるいは寝る前のほんのひととき、数ページずつ読むのがやっとの亀の歩みだった。

本を読むのは速いほうではないという自覚はあるが、それにしてもなぜこんなに時間がかかるのか——。おそらく、仕事で扱っている音楽の専門書や普段よく読む研究書や新書のたぐいは、どちらかといえば表現は二の次で意味がつかめればいいから、

*三宮麻由子『音をたずねて』〔文藝春秋、2008年〕、84頁。

記述の要点を飛び飛びにたどっていってもそれなりに読みこなすことができる。地図を見て、世界の地理的なあらましを把握するようなものだ。けれど、エッセイというのは、著者といっしょに連れ立って道を歩くように、一文字一文字を踏みしめながら、足裏から伝わってくる感触を味わうようなものなのだろう。しぜん、一文を読むのに、一ページを読むのにかかる時間がちがってくる。

　そんなふうにして、著者に手を引かれてよちよちと歩いていたわたしにとって、周囲の景色が一変したのは、さきに引いた一文を読んだときだ。長岡まつり大花火大会について書かれた「空を聞く」という章。花火の音といえば、どーんという大音響と腹に響くような振動を思い浮かべるだけだったわたしにとって、「夜空の響き」ということばの連なりは、大げさかもしれないが、これまでまったく知らなかった世界への扉だった。

　このひとは、音をとおして世界を見ているのだ、と悟った。よく言われるように、全盲の方は聴覚がすぐれている、というような意味ではない。このひとにとっては、音すなわち景色なのだ。視覚が喪《うしな》われているというよりも、聴覚と視覚とが、目の見える者には想像のつかないような仕方で一体となって、世界を聴いて＝見ているのではないか。

この一文を読んだ瞬間――それはほんとうに一瞬のことだった――、三宮さんが音をとおして世界を認識するそのフィーリングが、まるごと自分に手渡された気がした。それからは、なんだか初めて自転車に乗れるようになった子どもさながら、いままで何に苦労していたのかわからないほど、急に読むスピードが上がった。

◇**無数の音色と音程の風鈴が、何の法則性ももっていないようでいて、実は風が醸し出す自然の拍の法則に従って波打ち、音を立てている。**[*]

聴覚と視覚の融合というだけではなく、三宮さんの表現からは、音の手触りや匂いまでも感じられるようだ。彼女は音を具体的でかたちあるモノとしてつかみとり、そのまま読者に手渡してくれる。わたしたちは手渡された音のかたちを確かめ、心の奥底まで持って帰ることができる。こういうふうに聴けば、音はわたしたちの身体を素通りして霧散してしまうことなどなく、いつでも心の中から取り出して確かめることのできる存在になるのだ、と深く安堵する。

これまでのわたしの聴き方は、それにくらべてどんなに表面的だっただろう。自分は音と音との連なりを、地図上の丸印と丸印を結んだ鉄道路線のように見てはいな

＊三宮：前掲書、136頁。

かっただろうか。この曲は良いけどこの曲はいまひとつと等高線を引くように区別してはいなかっただろうか。あるいは数多くの楽曲を、四色あればどんな国でも塗り分けられるとでもいうように、赤や黄色や緑や青で塗りつぶされた枠内に押し込めて満足してはいなかっただろうか。地図記号の読み方には精通し、世界を俯瞰して支配しているような気にはなれたけれど、いつしか外へ出て歩いたり、花を摘《つ》んだり、川のせせらぎに手を浸したりする感覚を忘れ、方向感覚を喪って、Googleマップを見なければ家に帰ることもできなくなってしまっていたのではないだろうか。

◇　◇　◇

本を読み終わったことを友人に伝えると、彼女はすぐさま三宮さんとの会食をセッティングしてくれた。待ち合わせ場所に現れた三宮さんは、想像していたよりも小柄で、しかし想像していたとおりに明るく、快活なひとだった。

友人が腕を差し出すと三宮さんが手をかけ、二人は歩きだす。それを見ながら、少し遅れてついていく。足元のちょっとした段差も気になる。エスカレーターの縁に杖《つえ》が引っかかるのではないかとひやひやする。三宮さんは、注意深く歩きながらも軽やかに話し、笑い、わたしのことばに耳をかたむける。駅の改札から駅前のビルの二階のレストランまで、おそらくたった二分ほどだっただろうか。その行程は、地図に示された点から点への移動ではなく、彼女が足の裏や杖の先で感じているであろう感覚を、自分の感覚として感じながらの「道行《みちゆき》」だった。

楽しかった会食を終えて、彼女を駅に近いマンションまで送り、友人と二人で帰途についたときも、わたしは自分がいまだに、からだ全体で、地面の凹凸や階段までの距離、エスカレーターのステップの幅を気にしていることに気づいた。三宮さんといっしょに歩いただけで――介添をしたわけではない、後をついて歩いただけなのに――、まるで細胞がより細かくなり、感覚の解像度が上がったかのようだ。

「ひとの身になる」とはこういうことかと思った。他者の立場に身をおいてみる――表現としてはまちがっていないだろうが、どことなく概念的に流れるきらいがある。自分がそなえている五感をより細やかにすること、その五感がとらえた感覚により集中すること。そして、感覚の対象をできるかぎり記号的に処理せず、具体的なものとしてそのつど新鮮にうけとめること。それがその夜の帰り途《みち》で、わたしが知らずおこなっていたことだった。

◇　◇　◇

俳人でもある三宮さんは、エッセイのそこここに自作の句を置く。文中で展開してきたできごとや自身の感情が、十七文字の器にパッケージされて、そっと差し出される。それは、これ以上ない絶妙なタイミングで置かれる句読点のようでもあり、「ここまで書いてきたこと、お包みしますから、どうぞお持ち帰りください」と手渡される手土産のようでもある。

俳句も音楽も本も、つくり手がみずからの感情や感覚を細やかに見つめ、凝縮し、パッケージして手渡してくれる手土産だといえるかもしれない。だとすれば、それをまず愛《め》でること。五感を総動員して味わうこと。それが、「ひとの身になる」ためのこれ以上ないレッスンとなる。

夜空の響きを聴くために、目を閉じる必要はないのだ。

08 音楽は三角形をしている

◇アラブ人の奏者とイスラエル人の奏者が同じ譜面台をいっしょに使う様子を目にし、私たちは心の高ぶりをおぼえた。二人は同じ音を、同じ強弱、同じ弓づかい、同じサウンド、同じ表現で演奏しようとしていた。ともに情熱をいだいていることを、二人でいっしょにやろうとしていた。*

アルゼンチン生まれのユダヤ人で現在イスラエル国籍のピアニスト・指揮者、ダニエル・バレンボイムが、パレスティナの思想家エドワード・サイードとともに一九九九年、イスラエルとアラブ諸国の若者をメンバーとして設立したウエスト＝イースタン・ディヴァン・オーケストラのリハーサルの一場面である。

オーケストラの弦楽器パートでは、二人がひと組になって一台の譜面台を使う。演

＊ダニエル・バレンボイム著／蓑田洋子訳『バレンボイム音楽論——対話と共存のフーガ』〔アルテスパブリッシング、2008年〕88頁。

奏しているときは両手がふさがっているから、客席から遠いほうの奏者が譜めくりを担当し、こちら側の奏者は演奏を続けることになっている。抽象的な芸術の極致ともいわれる音楽の演奏において、物質的な側面があらわになる瞬間である。

敵対する民族どうしが音楽をともに奏でる——それだけなら、三文芝居にもありそうなシーンだ。しかし、この場面にリアリティをあたえ、真に印象深いものにしているのは、このきわめて散文的な小道具——一台の譜面台である。二人の若者はこのとき、音楽によって和解したわけではないだろう。音楽を離れれば、かれらは敵どうしの関係に戻る。でも、ひとたびオーケストラの一員として演奏するとき、かれらは、いずれの出自ともほんらい関係ないヨーロッパという一地域に発する音楽の伝統にしたがい、一台の譜面台を共有する。

一台の譜面台と二人の奏者。この三角形こそが、西洋クラシック音楽を、ユダヤやアラブをはじめ多くの地域・民族の音楽伝統と区別する象徴的なかたちである。そしてそのかたちこそが、ロマンティックな和解の幻想ではない、具体的な共生の姿になりうるのではないか——それがバレンボイムや（志半ばにして世を去った）サイードの意図、いや夢見たことではなかったか。

楽譜とよばれるもののなかには、演奏の身体的な手順や空間的配置を記した奏法譜

（タブラチュア）とよばれるものもあり、ユダヤ音楽をはじめ多くの地域で古来もちいられたが、中世以降ヨーロッパの修道院を中心に開発され発展した、楽器の種類や声楽か器楽かにかかわりなく音高やリズムなどを普遍的に示した楽譜は、音楽を、演奏者の身体に内在する記憶から解き放ち、いわばパブリックな記憶として外在化させ、どこの国でもいつの時代でも演奏できるものに変えた。そして、クラシック音楽を演奏するということは、この〈外在化した音楽〉であるところの〈楽譜〉に献身することと同義となった。*

ウエスト＝イースタン・ディヴァン・オーケストラにおいて、ユダヤとアラブの若者たちは、自分たちの日常的な情況をいったん脇に置いて、一台の譜面台に向かい、楽譜に書かれたことを実現する作業に献身することになる。それぞれの〈自己〉をいっとき忘れて、ヴァーチャルで外在的な〈音楽的時間〉を生きる。それまで生きてきた現実的時間から、意図的にレールを踏み外すように、もうひとつの仮想的な時間を生き、そしてもとの現実的時間に戻ること。われわれも音楽を聴いたり、本を読んだりしていて経験することだ。日常を離れて作品内の時間に没入し、作品が終わると同時に、我に返るようにふたたび日常に戻ってくる。しかし戻ってきた日常は、もといた世界とほんの少しだけ違っている。作品内の時間を生きた記憶が、日常的時間に

*本書第06篇「音楽は書くもの／読むもの」を参照。

浸食しそれを変容させる。すぐれた芸術作品はこのようにして、われわれの日常生活、ひいては人生の意味を変えてしまうことがある。

バレンボイムもサイードも、アラブやユダヤの若者たちが、それぞれの信ずるところを捨て、西洋文化やその思考法を身につけるべきだと考えて、クラシック音楽を演奏するオーケストラをつくったわけではない。それぞれの信条や文化をそのままにもちつづけながらも、〈もうひとつの時間〉を生きる体験をすることによって、自分が生きる世界の意味を読み換えてみる。他者との共生の可能性はそういうところから生まれてくるのではないか——かれらはこのオーケストラをつうじて、そんな文化実験をおこなおうとしたのではないだろうか。

◇　◇　◇

「神だと?」ディーリアスは言葉をさえぎった。「神?　そんな奴を私は知らないな!」

それだけではなかった。

その少しのち、別の夕方の散歩のさいに、私たちがなにかを話しあっていたとき、彼はこう言った。「若い天才作曲家がいるとしよう。彼を台なしにしてしまう確実な方法とは、キリスト教徒にしてしまうことだ」*。

一九二八年、エリック・フェンビーというイギリスの音楽青年は、同郷の作曲家フレデリック・ディーリアスが盲目と全身麻痺《まひ》におかされ、作曲ができない状況にあることを知り、作曲を手伝いたいと手紙を送る。ディーリアスが没するまでの六年間、フランスの小村に住む老作曲家のもとで助手をつとめ、その最晩年の傑作の数々をともに紡ぎ出したフェンビーが、作曲家が没して二年後の一九三六年に出版したのが、*Delius as I Knew Him*（邦題『ソング・オブ・サマー　真実のディーリアス』）という回想録である。

自分で楽譜を書くことができず、正しい音程で歌うこともできない作曲家が、あたかも目の前に五線紙を拡げて言葉によってそこに音を刻みつけていくかのように口述し、フェンビーがその目に見えない楽譜を読むかのように、現実の五線紙に音を書きつけていく――その音楽史上類をみない共同作業の記録という面もさることながら、同時にこの回想録は、ひとりの若者の精神的成長を記録した一種のビルドゥングスロマンであり、また、住み込みの介護人が二十四時間体制で世話をする、いまの日本でいえばさしずめ要介護度5に認定されるであろう人物との共同生活を描いた「介護文

*エリック・フェンビー著／小町碧訳／向井大策監修『ソング・オブ・サマー　真実のディーリアス』〔アルテスパブリッシング、2017年〕206頁。

学」ともいうべき現代的な側面ももっており、たんなる音楽書にない普遍性を獲得している。

この回想録に強烈な個性を刻印しているのは、ディーリアスとフェンビーがまさに水と油のように混じり合うことのない、正反対の存在であることだ。かたや重度の病人、かたや健康な若者。かたや偏屈で意地悪な老人、かたや心優しく我慢強い青年。なかでももっとも重大で、解決不能な差異は、ディーリアスがニーチェを奉ずる無神論者であり、フェンビーが敬虔《けいけん》なカトリック信者である点だ。フェンビーは回想録の合間に、「私が知ったディーリアスの人となり、作曲家としてのいくつかの側面」と題する長大な章を置き、すでに亡くなっていた作曲家に対してあらためて論戦をいどむかのように、熱をこめてさまざまな対立のエピソードを語りつづける。そして、「音楽家ディーリアスは人間ディーリアスよりも偉大だった」と言い切る。

フェンビーにとってディーリアスとの共同作業は、こうした解決不能な対立をかかえる〈絶対的な他者〉とともに、不可能とも思える芸術的協働をなしとげることであった。では、どのようにして、不可能は可能になったのだろう。

かれらはそれぞれ、みずからを矯《た》めることなく、〈いま創造されつつある作品〉に向かい合っていたのではないか。ディーリアスの光を喪った目の前にあった仮想的な楽譜に、フェンビーもまた向き合っていた。頑《かたく》なな無神論者と理想主義的なクリスチャンという二者の関係では果たしえなかった共生を、目に見えない楽譜にともに向き合い、献身することにより、なしとげたのである。

◇　◇　◇

◇作曲者と聴き手は、それぞれに、この不透明な音楽的存在（すなわち曲）を解釈する。その意味で、作曲者は、一人の聴き手と対等の立場にある。両者が、同じ一つの曲を解釈するということによって、そこに、曲を介した一種のコミュニケーションが成立するといえるかもしれないが、そのコミュニケーションは、「送り手＝作曲者」から「受け手＝聴き手」へという一方向的な形のものではない。〔略〕音楽は（あらゆる曲は）、人の生の内で解かれることを待っている謎である。私が作曲に惹かれて止まないのは、まさに、製作への専念が、謎の音楽的存在を——すなわち、真剣に解きたいという欲望を私自身の内に惹き起こす謎としての曲を——生み出すからである。私は、この、真剣に解きたいという欲望を惹き起こす謎を、私にとっての「美」と呼び替えてもよいと思う。*

*近藤譲『〈音楽〉という謎』〔春秋社、2004年〕196頁。

第06篇でも引いた文章だが、作曲家の近藤譲がここでイメージしているのは、「謎」ということばであらわされる「曲」に、作曲家と聴き手とが「対等」の立場で向き合う、というかたちでのコミュニケーションのかたちである。つまり、先にみた〈三角形〉はここにも象徴的にあらわれている。

「謎」ということばで思い出すのは、アウグスティヌスの「あなたの目の前でわたしはわたし自身にとって謎となった」*という ことばだ。〈あなた〉(＝神)という鏡に映った〈私〉のおぼろげな姿は、〈わたし〉であって〈わたし〉でない。それは〈謎〉のように理解を超えた存在である。近藤が音楽を〈謎〉というとき、アウグスティヌスをふまえているのかは知らない。しかし、作曲家がみずからの裡《うち》から生み出した音楽を、聴き手と対等の立場で「真剣に解きたいという欲望を惹き起こす謎」と定義するのを読むとき、わたしはそれをアウグスティヌスの〈謎となったわたし〉になぞらえたいという欲求をおさえることができない。

一台の譜面台を共有するアラブとユダヤの若者たち、神を信じない老作曲家と敬虔なクリスチャンの音楽青年――かれらがそれぞれの相方とともに目の前にしているのは、音楽という鏡だ。そこに映るのは〈謎となったわたし〉にほかならない。自己に謎を見ることとは、自己を他者として再発見することであり、自分をとりまく慣れ親し

*アウグスティヌス『告白(下)』〔服部英次郎訳、岩波文庫、1976年〕65頁。この箇所(第10巻第33章)でアウグスティヌスは聴覚の誘惑について語る。聖句に妙なる節《ふし》を付して歌う快楽を、肉体の欲望に属するものとして、基本的には退けるべきものとしながらも、それが信仰を強める効用をもつことをみずからの体験にもとづいて肯定し、いちがいに否定できないアンヴィヴァレンツを「わたしの悩みである」と告白する。

んだ世界を、他者の目で見つめなおすことである。それこそが、芸術体験の本質ではなかろうか。

◇　◇　◇

バレンボイムはウエスト＝イースタン・ディヴァン・オーケストラを率いて、二〇〇五年、エルサレム近郊にあるパレスティナの実質的首都ラマラで、演奏会を敢行した。『バレンボイム音楽論』にはその緊迫感あふれるドキュメントが掲載されている。
かれらはアンコールに演奏したのは、エドワード・エルガーの《エニグマ（謎）変奏曲》の第九変奏〈ニムロド〉だった。*

*本篇冒頭に記載したQRコードから、その演奏の動画を視聴可能。

09 音を出さない音楽家

今年*のウィーン・フィル・ニュー・イヤー・コンサートの指揮者は、イタリアの巨匠リッカルド・ムーティだった。昔から「肉食系」のイメージの強いムーティと軽やかなウィンナ・ワルツの取り合わせは、なんとなくミスマッチにも思うが、今回で五回目の登場だというから、団員にも聴衆にもたしかな信頼をかち得ているのだろう。じっさいの演奏は意外にも、無骨ともいえる手がたいものだったが、ロッシーニやヴェルディらイタリア・オペラの旋律をとりいれた作品になると、指揮ぶりがあきらかに生き生きとし、聴衆もそれに呼応してがぜん盛り上がるのがなんともおかしかった。

じつは、わたしがはじめて聴いた本格的なオーケストラのコンサートは、ムーティ

*2018年。

が指揮するフィラデルフィア管弦楽団の来日公演で、たしか高校に入った一九八〇年のことだった。ムーティは名匠オーマンディから同団の音楽監督を引き継いだばかりで、ムソルグスキー《展覧会の絵》の管弦楽版（ラヴェル編曲）を披露した。当時世界最高といわれたこのオーケストラの金管セクションを思うさま鳴らし切ったど迫力の演奏に圧倒されて、なかば放心状態で家路についたことをおぼえている。その後、《展覧会の絵》のオリジナルのピアノ楽譜を買ってきて、ずいぶん一生懸命練習したから、そうとうインパクトはあったにちがいない。

そのころわたしはバンド活動に忙しく、東京の大学に入った姉が、デビュー直後のカシオペアに入れあげていたこともあって、フュージョンやジャズばかり聴いていた*のだが、たまたまCBC〔中部日本放送〕の番組審議委員をつとめていた父のところにまわってきた招待券で、なんとなく行ってみたにすぎない。オーケストラというものを生で観るのもほぼはじめてだったので、どこに目をやったらいいのかもよくわからなかった。

フュージョンやジャズだったら、その時点その時点でスポットのあたる楽器の奏者を観ていれば間違いはない。オーケストラも、通ならば各パートに着目して、スコアの音の重なりを視覚的に楽しむ人もいるだろうが、ふつう聴衆の視線は指揮者に集ま

*60頁の注を参照。

るものだ。しかも、当時まだ三十歳の駿馬《しゅんめ》ムーティだ。わたしの記憶のなかでも、ムーティのエネルギッシュな指揮ぶりがそのまま、その夜の音楽のかたちとして記憶に刻まれた。

◇
◇
◇

しかし、よく考えると指揮者というのは奇妙な存在だ。「オーケストラのなかで唯一音を出さない音楽家」とはよく言われるところだが、たんにアンサンブルをそろえるためにいるのなら、バンドのように奏者たちが呼吸をあわせて演奏すればいいように思うし、誰かがキュー出しをする必要があるにしても、少なくともあれほどまでに派手な身振りは必要ないだろう。

その動きも千差万別だ。日本のマエストロでいえば、秋山和慶のようにスコアが見えてくるような緻密な指揮もあれば、演奏はオケにまかせて自分はあたかも音楽に内在するエネルギーを体現せんとする小澤征爾のような行き方もある。楽譜に厳格なトスカニーニの即物主義と「振ると面食らう」などと形容されるフルトヴェングラーの朦朧《もうろう》体など、指揮者の個性がそのままその音楽の個性として論じられもする。

しかし、そもそも音を出しているのは個々の奏者だ。奏者たちはそれぞれ主体的に演奏しているはずで、指揮者の思いどおりに操られているわけではないだろう。それなのに、同じオケでも指揮者が違えば、出てくる音楽はたしかに違う。だからこそ、聴衆は指揮者の一挙手一投足に意識を集中し、その組み合わせでしか生じない一期一会の音楽を聴きとろうとする。

同じアンサンブルでも、弦楽四重奏はビギナーにとって敷居の高いジャンルだといわれるが、それは「音楽のなかでもっとも抽象的」ともいわれるこの形式が、かたちとして見せてくれる媒体をもっていないからではないか。個々の弦楽器奏者の動きを観ていても、全体として表出される音楽のかたちが見えるわけではない。おそらくそれは、聴き手がみずからの頭のなかでイメージするほかないものだ。

オーケストラはひとつのパートを複数の奏者が演奏するため、各奏者の個性はめだたなくなり、そのため音色の抽象度は弦楽四重奏などの室内楽よりも高いといえるが、そこに指揮者という視覚的な媒体が存在することで、ぐっと敷居が低くなる。そもそも手にとって眺めたり触ったりすることのできない音楽という芸術に、かたちをあたえ理解しやすくしてくれる翻訳者のような存在といったらいいだろうか。

しかしいっぽうで、「指揮者はそこで生み出された音楽を、視覚に翻訳しているだけなのか」という疑問がすぐに生じてくる。現実の音を生み出すのは個々の奏者だとして、指揮者はなにも生み出していないのか。

◇　◇　◇

歴史的にみると、指揮が専門職化したのは比較的最近のことである。十九世紀においても、メンデルスゾーンやシューマン、ワーグナーなど、作曲家が指揮者をつとめるケースが多々みられた。「指揮者を観る」という聴習慣が一般的になったのは、二十世紀にはいって、マーラーやストコフスキーなど派手なパフォーマンスで魅せる指揮者が登場してからだろう。

指揮者のもっとも基本的な仕事は、とうぜんのことながらアンサンブルをそろえることである。さきほど、「たんにアンサンブルをそろえるだけなら、奏者が呼吸をあわせればいい」と書いたが、オーケストラの編成が巨大になり、また作曲家が書く音楽の様式の自由度がますにつれて、それがだんだんむずかしくなってくる。

いちばんわかりやすい例といえば、ベートーヴェンの交響曲第五番の第一楽章の出だしだろうか。「運命はかくのごとく扉を叩く」と作曲家自身が形容したとされる、あの「ダダダダーン」だが、あれを指揮者なしであわせるのは至難の業だろう。細かく言えば、「ダダダ」という三つの八分音符の前にひとつ八分休符が入っており、その休符を「ン」であらわすと、「ンダダダ／ダーン」となる。この「ン」がだいじなのだ。ここにこそ、あとに続く四つの音のエネルギーが凝縮されているのであり、指揮者はこの「ン」に全身全霊をこめて指揮棒を振り下ろすのである。

「指揮者の基本的な仕事はアンサンブルをそろえること」というのは、もう少し具体的に言えば、「アインザッツをそろえること」である。アインザッツとは「音の出《で》」を意味するドイツ語だが、《運命》の例でわかるように、出をそろえるためには、じつはその直前にエネルギーをこめることがたいせつだ。つまり、指揮者というのは音を聴きながら身体を動かしているわけではなく、いまだ音のない空間にエネルギーを放出することにより、そのあとに音を生じさせる準備をしているわけである。

　個々の奏者が現実の音を生み出すのだとしたら、指揮者はその音の生じるタイミングそのものを生み出すのだといってもいいかもしれない。聴衆は音にあわせて踊るような指揮者の動きを漫然と観ているわけではない。指揮者が虚空に向けて放つエネルギーを聴衆も受け止めている。そのことにより、聴衆はオーケストラと同じタイミングで呼吸することができているのである。

ＣＤで何度聴いても理解できなかった音楽が、実演を聴いてストンと腑《ふ》に落ちることがある。指揮者が音の出るタイミングを創造し、われわれ聴き手の呼吸を奏者のそれとシンクロさせてくれることの意味はここにある。音が鳴り響くまえに〈聴くこと〉は始まっているのであり、音楽がわかることは、音を聴いてその構造や意図を理解することに先立つのである。

指揮者がその身振りによってかたちとして示してくれるのは、音に先立ってあり、その音を説得力あるものとする〈タイミング〉である。指揮者は「オーケストラのなかで唯一音を出さない」――しかしそれゆえにこそ、むしろすべての音を成り立たせる場としての〈時間〉を創造できるのである。すべての音楽をとおして、聴衆が受け取ることができるのは、じつはこの〈シンクロする時間〉の体験に尽きるのではないだろうか。

《展覧会の絵》に圧倒された高校生も、イタリア・オペラの旋律に湧いたウィーンの聴衆も、指揮者によって時間の渦《うず》に巻きこまれ、ともに呼吸をあわせた記憶を胸に、家路につくのである。

10 向き合うよりも、ともに歩もう

高橋悠治のピアノが他の多くのピアニストとちがうのは、その弾きはじめだ。ソロのときも、歌の伴奏のときも、あの力の抜けた飄々《ひょうひょう》とした様《さま》でピアノに近づくと、その歩みのスピードのまま音楽が始まる。弾きはじめるというよりも、いつのまにかはじまっている。

二〇一八年一月八日、東京オペラシティのリサイタルホールでおこなわれた波多野睦美（メゾソプラノ）とのシューベルト《冬の旅》の全曲演奏会でもそうだった。全二四曲の劈頭《へきとう》をかざる「おやすみ *Gute Nacht*」の八分音符で刻まれる〈運命の歩み〉のような和音。ふつうのピアニストなら、会場が静まり、聴き手の意識が研《と》ぎ澄まされるのを待って、おもむろに鍵盤に手をおろす。聴き手も、そんなふうにおごそかに音楽が始まることを期待している。だが、高橋は、聴き手の心がまだ準備できずにざわついているのに、意に介することなく歩きはじめる——楽屋から舞台へと歩いてきたそのスピードのまま。

聴衆が気づくよりもまえから音楽ははじまっているのだ。

◇　◇　◇

◇ Fremd bin ich eingezogen,
Fremd zieh’ ich wieder aus,
Der Mai war mir gewogen
Mit manchem Blumenstrauß.
Das Mädchen sprach von Liebe,
Die Mutter gar von Eh’.
Nun ist die Welt so trübe,
Der Weg gehüllt Schnee.

よそ者で来て
よそ者のままにゆく
五月のもてなしは
たくさんの花束
娘が愛を語り
母が結婚まで——
いま世界は暗い
道は雪に埋もれて

プログラムには高橋が訳した歌詞対訳が載っている（「二〇一六年一月」と日付が記されている）。この歌曲集は、シューベルトの三つ歳上で一年先に世を去ったヴィルヘルム・ミュラーによる二部からなる連作詩「冬の旅」を、作曲家が独自に並べかえたものだが、この高橋による対訳はこれまで数多くなされてきたこの詩のどんな訳ともちがっている。

ためしに、第01篇でも紹介したイギリスの名歌手イアン・ボストリッジの著書に掲載された対訳*を見てみよう。

◇ Fremd bin ich eingezogen,
Fremd zieh' ich wieder aus,
Der Mai war mir gewogen
Mit manchem Blumenstrauß.
Das Mädchen sprach von Liebe,
Die Mutter gar von Eh'.
Nun ist die Welt so trübe,

よそ者として私はここに来て
よそ者としてまたここを立ち去る
かつて五月は私をやさしく迎えてくれた
あまたの花束とともに
娘は愛を語り
その母は結婚の話さえした
なのにいま世界はこんなにもうら悲しく

＊イアン・ボストリッジ著／岡本時子・岡本順治訳『シューベルトの「冬の旅」』〔アルテスパブリッシング、2017年〕22-23頁。

Der Weg gehüllt in Schnee.　　　　道は雪に覆われている

選ばれた訳語にそれほどのちがいはないが、高橋訳にはきわだった特徴がある。ich, mir などの一人称をまったく訳していないことだ。この曲だけではない。二四曲すべてにおいて、一人称はことごとく排されている。それもあってか、ふつう、ドイツ語を日本語に訳した場合、どちらかといえば文字数は増える印象があるのだが、高橋訳の場合は逆に日本語のほうが短くシンプルだ。

《冬の旅》にはこれまで、社会や世間から疎外されたひとりの青年のあてどのない旅を歌った歌というイメージが定着しており（その旅の行き着く先、つまり〈究極の憩い〉として描かれているのは〈死〉だ）、同じように疎外感をいだく多くの若者の心をとらえてきた。Welt（世界）と ich（わたし）との対比・対立こそが、この作品の肝《きも》でありテーマといってもいい。

高橋訳では、あえて一人称を訳さないことで、「世界」と「わたし」の二項対立による緊張は薄れて、「わたし」をも「世界」のなかで起こるできごとの一部として、外からながめるようなスタティックな情感が感じられる。その情感は、諦観と言いなおしてもいいけれど、ときに、自分を含む世界を外から眺めておもしろがるようなユーモアをも感じさせる。

その印象は、高橋と波多野の演奏にも共通していて、歌と伴奏、歌手とピアニスト、あるいは演奏者と聴衆といったあらゆる二項対立が溶解していく感覚がある。高橋のピアノは、その渾然《こんぜん》となった世界のどこかで響いていた跫《あしおと》が、いつのまにか意識の表面にのぼってくるようにしてすでにはじまっているのだが、それとともに、その跫が〈時の歩み〉そのものであり、人称のない世界を人称のないわたしたちがともに歩む、その足音でもあるという真実が、ひしひしと心に染み入ってくる。

◇　◇　◇

歌舞伎や浄瑠璃に、「道行《みちゆき》」という演出様式がある。《仮名手本忠臣蔵》中の「道行旅路の花聟《はなむこ》」、《義経千本桜》中の「道行初音旅《はつねのたび》」などはその代表的なものだろう。多くは世間に受け入れられない男女二人の逃避行を独特の様式で描いている（「道行初音旅」は静御前と家臣の忠信――じつは狐――の逃避行だから恋人とはちがうが、忠信に主君である義経が投影されているとも考えられる）。

二人の男女はどこへ向かって逃げるのか――。かれらは多くの場合、心中《しんじゅう》を心にさだめている。つまり終着点は〈死〉だ。ただ、〈死〉は目的地として大前提とされてはいても、主題化されることはなく、むしろ二人の旅そのものに焦点があてられている。二人の歩みが、長唄にのせた舞踊として様式化されたものが道行だ。

二人は、死という共通の終着点を心にさだめながらも、顔を向かい合わせてそのことを論じたてるのではなく、おたがいの横顔を視野に入れながら、自分たちを飲み込もうと口を開ける運命の闇に向かって、手を携えてともに歩む。その足どりとともに、二人が世間から疎外され追われるようになるまでの身の上が、観客であるわたしたちの意識のスクリーンに移しだされていく。わたしたちは、逃れようのない終着点を我がことのように（それはたしかに〈我がこと〉であるのだから）意識しながらも、ただ二人の歩みに心を寄り添わせて、ひとときをともに生きる。

二人とわたしたち――三者が同じ方向を向いて、ただ歩くこと、ただ旅すること。このとき、「道行」はひとつの芸術作品となり、わたしたちに向けて開かれた一冊の本となる。わたしたちは、二人の死を、自分にもいつかは訪れる共通の死として感得し、二人の旅路をみずからの旅路として読みなおし、ともに歩む〈読者〉となる。

◇　◇　◇

シューベルトは《冬の旅》〔一八二七年〕の四年前に、《美しき水車小屋の娘》という、やはりミュラーの詩による連作歌曲集を作曲している。こちらも若い粉職人の修行の旅を描いていて、終曲「小川の子守歌」では自死による救いがほのめかされている点で《冬の旅》と共通する。ただし、《水車小屋》が若者が娘と出会って恋をし、その後失恋する経緯を描いているのに対し、《冬の旅》では、失恋は「すでに起こった過去の出来事」として描かれている（《冬の旅》の旅人が《水車小屋》の粉職人と同一人物だといわれる所以である）。

そのため、《水車小屋》ではある意味、物語のプロット上の変化を楽しむこともできる一方、《冬の旅》ではひたすら孤独な旅をする主人公の思いに心を寄り添わせるしかない。そのことが、《冬の旅》を《水車小屋》にくらべてより晦渋《かいじゅう》なものとしているのはあきらかだが、言い換えれば、《冬の旅》は旅そのものをテーマにした作品であり、ミュラー／シューベルトが《水車小屋》から一歩すすめて、その短い生涯の果てにたどり着いた「道行」の様式を純粋に示しているともいえる。

《冬の旅》において、旅のはじまりはあいまいである。旅人は失恋し、世間から放逐された——物語のプロット上、旅人にとっては大事件であるはずのこのできごとは、一曲目からすでにおぼろげな記憶のように回想される。フォーカスされるのは、いつのまにかはじまり、いつ終わるともしれない〈旅そのもの〉である。

終曲“Der Leiermann”——「辻音楽師」と訳されることの多いこの曲を、高橋悠治は「ハーディ・ガーディ弾き」と訳している。Leier は「竪琴」とよばれるハープに類する撥弦楽器をさすことも多く、シュタイナー教育の音具として有名になったライアーはこのたぐいだが、ハーディ・ガーディとはそれとはちがって「手回しオルガン」に連なる機械式の楽器だ。ハンドルを回すことによってドローン（基調となる低音）を鳴らしつづけ、その上でメロディを奏でるものである。なるほど終曲のピアノ・パートの左手は、ハーディ・ガーディの低音を思わせる。高橋は、ハンドルを回すという円環運動によって発音するこの楽器をとくに示唆することで、いつまでも終わらないこの旅を象徴させたかったのかもしれない。

この純粋に様式化された〈旅〉を、聴き手とともに歩み、テクストとして読むことを、シューベルトは《冬の旅》によってめざしたのではなかったか。自分自身にひたひたとせまってきていた現実の死（この作品の完成した翌年、一八二八年にかれは没した）だけでなく、誰にとっても最大の関心事であるはずの死を、心に共有しながら、それをことさらに主題として掲げることなく、ともに一冊の本を読むように、ひとときともに旅することを、かれはこの歌曲集でコンセプトとした。

高橋が作品の開始にあたって、わたしたち聴き手の準備を待たずに弾きはじめるのは、この作品で描かれているのが誰かとくべつな主人公の歩みではないからだ。そこにいる全員がじつはすでに巻き込まれている〈時の歩み〉には、人称によって区別されるとくべつなはじまりもとくべつな終わりもない。それに気づいた者は、だまってともに歩むことをはじめればいい。――それが《冬の旅》という作品なのである。

イギリスの社会人類学者ティム・インゴルドはいう。

◇並んで歩いているときには、互いがほとんど同じ視野を共有している。その反対に、面とむかうときは、互いに相手の背後にあるものを見ており、それは嘘やごまかしの可能性につながる。互いの顔を見つめ合い、歩みを止めて互いに相手の行く手を阻むとき、彼らは一種の対決をすることになる。互いの視界はもはや共有されず、あちこちに動いて定まらない。[*]

近代以降、芸術が宗教とは離れた自律したあり方となり、人々がそれまで神にたいしてしてきたように、芸術作品に向き合うようになると同時に、芸術家もまた〈神に代わって奇跡を起こす者〉を自認するようになる。音楽はあくまでおごそかに開始されなければならず、聴衆も息をころして奇跡の顕現に立ち会うことを求められ、また

*ティム・インゴルド著／金子遊＋水野友美子＋小林耕二訳『メイキング――人類学・考古学・芸術・建築』〔左右社、2017年〕218頁。

それを欲するようになった。

そんななかシューベルトだけは、作品をもって聴き手と対峙・対決するのではなく、視野を共有しながら、並んで歩くことを選んだのだった。*

◇　◇　◇

終曲が終わった瞬間、ひとりの客が「ブラヴィ！」と叫んだ。たしかに素晴らしい演奏だった。しかし、それに同調する拍手はまばらだった。

演奏家とともに、この〈旅〉をともに歩んだほとんどの聴衆は、演奏が終わったあともしばし、虚空に向かって終わることのない道行を続けていたのだ。

*シューベルトが6曲残したミサ曲のすべてにおいて、「クレド（使徒信条）」の「わたしは唯一の、聖なる、万人のための、使徒によって継承された教会を信じる（Et unam sanctam catholicam et apostolicam Ecclesiam）」という一節を（おそらくは意図的に）削除しているという事実からも、かれがある種の無教会主義といってもいいラディカルな信仰態度を有していたことが推測される。

11 音楽との「出会い」はどこからやってくるのか

一九八〇年代にCDが普及しはじめたころ、「ABからCDへ」というタイトルのエッセイを読んだことがある。誰が書いたのかも、どんな内容だったのかも、よく覚えていないのだが、レコードのA面・B面とコンパクト・ディスクの略称であるCDとをかけた、気の利いたタイトルだと思った。

CDの時代も過ぎ、ストリーミングで音楽を楽しむようになったいまでも、わたしはもっぱらアルバムという単位で音楽を聴いている。はじめて聴くミュージシャンでも、一曲だけ聴いてみようという気にはなぜかならず、アルバムを一枚通して聴かないと、聴いた気にならない。「一枚」という言い方だって、いまや盤に刻まれるものではなくなった音楽の、ひとまとまりをあらわす単位としては不適切だろうけれど、そこはあいかわらず守旧派のままである。

はじめてCDプレーヤーを買ったのは一九八〇年代なかばだったから、もう三十年以上が経過したわけで、レコードだけを聴いていたティーネイジャー時代の年数をはるかに超えてしまった。そのためか、レコードの時代には厳然と存在していたA面・B面という感覚をそれほど意識することはなくなったが、昔レコードでよく聴いていたアルバムを通して聴くようなときには、かつてのA面の最終曲からB面冒頭の曲のあいだは、もう少し間を空けてほしいなとか感じたりもする。

だから、わたしのコンピュータのiTunes*には、かならずアルバム単位で音楽が登録されることになるのだが、ここ数年、息子が音楽を聴くようになってからは、事情が変わってきた。iTunesを起動したときにあらわれる「最近追加した項目」というウィンドウが、雑然としてきたのだ。いまどきの高校生の脳内には、A面・B面はおろか、アルバムという概念だってほとんどないだろう。iTunesが連携しているAppleMusic**だけでなく、YouTube、ニコニコ動画***といったストリーミング・サービスからダウンロードしたお気に入りの楽曲を、一曲一曲登録していくから、画面はどんどんまとまりなく雑然とした様相を呈していく。文句を言ってもしかたがないのでそのままにしているが、わたしたちが音楽を聴きはじめたときにはたしかに存在したア

*米アップル社の音楽再生ソフト。最新のMacではiTunesが廃止され、代わりに「ミュージック」というソフトウェアがプリインストールされている。

**アップル社が提供する音楽配信サービス。

***ドワンゴ社が提供する動画配信サービス。

ルバムという脈絡は、もはや喪われたのだと痛切に感じることである。

◇　◇　◇

日常的に使っているAppleMusicには、いろいろと便利な機能があって、よく利用するのは「次に再生」と「後で再生」という機能だ。あるアルバムないしはプレイリストを再生中に、別の曲やアルバム（プレイリスト）を選択して「次に再生」に設定すると、いま再生中の楽曲が終わったところで、後者に移り変わる。「後で再生」にすると、いま再生中のアルバム（プレイリスト）を最後まで再生してから、移り変わる。Spotify*にも同じような機能があるようだ。

これらの機能のいいところは、曲を途中で切らなくてもいい、というところだ。ある曲を聴きながら気分を変えたいと思ったときは「次に再生」でアルバムを取り替えるし、お気に入りのアルバムを次々に自動再生しながら作業に専念したいときなどは「後で再生」に、どんどん好きなアルバムを追加していく。

ひとつだけ困ったことがある——「この曲で再生をやめる」という機能がないのだ。iPhoneで音楽を聴きながら歩いていて、「この曲が終わったらそろそろ目的地だ

＊スウェーデンのスポティファイ・テクノロジー社が提供する音楽配信サービス。

から、イヤフォンをしまわなきゃ」というようなとき。自宅で音楽をかけっぱなしにして作業をしていて、もう出かけなければならない、というとき。そんなときは、曲が終わるのを待って停止ボタンを押さなければならない。

そんなまどろっこしいことをせず、曲の途中で止めてしまう、という人もいるだろう。でも、自分にはそれがなかなかできない。こちらに語りかけている人の話を途中でさえぎって、無理やりやめさせるような気がしてしまうのである。話は最後まで聴かなければわからない。音楽を聴くとは、「聴きおえたのち、どう感じるか」までを含むいとなみなのだから。

もちろんレコードやCDの時代にも、「この曲が終わったら再生を停止する」などということはできなかった。でもそれは、技術的な制約があったからだ。いまや技術的には可能なはずなのに、そして（確認したことはないけれど）多くのリスナーが歓迎するにちがいないこの機能が、いまだに搭載されていないことから、ストリーミング・サービスというものが、じつは聴くことを目的としてデザインされているわけではない、ということをうかがい知ることができるように思う。

◇　◇　◇

YouTubeが音楽を聴くためのツールになって久しい。

インターンシップの実習で来る音大生*に聞いても、音楽はYouTubeで聴くという子がほとんどである。若者だけではない。あいかわらずＣＤを聴いているという中年以上の音楽ファンも、ＳＮＳで「今日はこんなＣＤを聴いています」と投稿するとき、シェアするのはたいていYouTubeのリンクである。ＳＮＳのタイムラインにおいては、音楽は画像として登場する。

YouTubeはそもそも動画投稿サイトである。だから「YouTubeで音楽を聴く」といっても、じっさいはプロモーション・ヴィデオやライヴ演奏、イメージ的な風景を映した動画を観ることになる。もちろん、ＬＰやＣＤなどの音源をそのままアップしたようなものもあり、そういう場合はミュージシャンの写真やそのＣＤのジャケット写真などの静止画像を、スライドショーのようにつないだものが流れたり、そうでなければ一枚の写真が最初から最後までえんえんと映し出されていることもある。歌の場合には、静止画像の上に歌詞だけがテロップとして流れていくものもある。でも、まったく絵のないYouTubeリンクはあまり考えられない。堂々めぐりになるが、YouTubeはそもそも動画投稿サイトだからだ。

つまり、人々はYouTubeで音楽を見ているのではないか。

*アルテスがおもに音楽大学の学生を対象にインターンシップの受け入れを始めたのは、2009年ごろである。現在は毎年２月から３月に、わたしが評議員をつとめている国立音楽大学の学生が２、３名実習にくる。

もちろん、音楽は見るものでもある。生演奏はもちろん、音楽映画だってテレビの歌謡番組だって見るものだ。「音楽というのは、そもそもパフォーマンスなのだから、レコードやＣＤで聴くだけということのほうが、非本来的なあり方なのだ」という反論だって容易に予想できる。とどめに「オペラは音楽ではないとでも？」と問われたら、ぐうの音も出ない。

それにしても、これだけ大量の音楽が、巨大なデータベースとしてインターネット上に存在し、それぞれに動画や静止画などがサムネイルとして紐付《ひもづ》けられ、好きなときにアクセスできるようになって、あきらかに人々の音楽との接し方は変化した。端的に表現すればやはり、人々は音楽を聴くのではなく見るようになったのである。

◇　◇　◇

YouTubeや音楽ストリーミング・サービスが――いやさらにいえば、インターネットというものがもたらしたのは、「あなたの聴きたい音楽は、このなかにきっとある」という幻想だ。つまりこれらのサービスは、第一義的に「できるかぎり大量の音楽をためこんだデータベース」としてデザインされている。

そうしたサービスが登場する以前、音楽は出会うものだった。ミュージシャンのファンは至福の瞬間に出会うためにライヴに通い、次々リリースされる新譜を誰よりも早く買い擦《す》り切れるまで聴く。レコード・コレクターとよばれる人々は、紙のカタログや口コミ、さらには日々の中古レコード店めぐりなどをつうじて、「まだ聴いたことのない一枚」との運命的な出会いを夢見る。それほど熱心な愛好家でなくても、たまさか友人から借りたレコードや、目にしたテレビなどで「人生の一曲」に出会うことがある。かれらにとって音楽の体験とは〈未知との出会い〉にほかならない。

〈出会い〉は偶然からもたらされるものだが、その偶然が〈出会い〉となるには、聴き手のほうにその音楽を受けとめるだけの〈必然〉がなければならない。ミュージシャンの調子がたまたまよかった、たまたま入った店にお宝が眠っていた、たまたまテレビを点《つ》けたら音楽番組が放送されていた——でも、そのとき「これはわたしの人生を変える音楽だ！」と確信するのは、たまたまではない。あなたがその〈出会い〉を常日頃待ちつづけていたからだ。出会ったとたんに「この音楽は自分のためにある」と確信することのできたあなたが存在したからこそ、その偶然はあなたにとっての必然となったのだ。〈出会い〉とは偶然が必然に転化する、その界面に生じる一瞬の奇跡だ。そしてそれこそが、芸術体験における一期一会のアウラの源なのである。

そのアウラを、インターネットは、ビッグデータとよばれるものは、剥《は》ぎとってしまった。わたしたちはもう、音楽に出会うことはできない。それはあらかじめそこにあるものだからだ。あらかじめ存在するもののリストのなかから、サムネイル画像をたよりに見つけだすものになってしまったのだ。

それでも未知の音楽に、偶然に出会うことはあるだろうと言われるかもしれない。検索結果の画面にあらわれた膨大なリストの大半は、「まだ聴いたことのない音楽」だろう。そのなかのひとつをわたしはクリックする。知らなかった音楽が再生される――しかしそこには、ミュージシャンのたまたまがわたしの必然に転化するときの、あの〈出会い〉のダイナミズムはない。

わたしはそのリストを――わたしが聴いたことのない音楽のサムネイルを、次々にクリックしつづけるだろう。最初の数秒で気に入らなければ、「これじゃない」とばかりに、次の曲へ移る。わたしはその音楽を聴いたといえるのだろうか。もとから存在する膨大なリストのなかに、ある一曲を目にとめ、しばし立ち止まって手ざわりをたしかめただけではないのか。

前のめりになって次々とサムネイルをクリックするわたしは、いまの自分にフィットし、気持ちを鼓舞してくれたり、心地よくしてくれる曲が、この膨大なリストのなかにきっとあると信じている。その幻想は、それぞれ四〇〇〇万曲以上＊ともいわれる音楽ストリーミング・サービスの登録曲数の膨大さによって、かろうじて信憑《しんぴょう》を担保されているにすぎない。

人が一生かかってもとうてい聴ききれない数の曲が登録されているからといって、一生のうちに出会うべき音楽はこのなかにあると主張するのは、論理のすり替えというものだ。でも、わたしたちは進んでその幻想に身をゆだねようとする。人生の解がデータベース上に用意されているのなら、検索して見つけたほうが合理的ではないか。

音楽はこうして聴くものから見るものになったのである。

◇　◇　◇

ミュージシャンの、あるいはその場や情況のもたらす〈偶然〉にひととき巻きこまれながら、その偶然をつねに待ちつづけていた自分自身の〈必然〉に気づく——それが音楽との〈出会い〉であり、音楽を聴くということだとしたら、インターネット上に巨大なデータベースを構成する膨大な〈音源〉たち（わたしたちがまだ本来的な意味で〈出会っていない〉音楽を、とりあえずこうよんでおく）を前に、わたしたちはどうした

＊2018年１月10日現在。

らよいのだろうか。〈巻きこまれる〉というかたちでの偶然の出会いがあらかじめ喪われてしまったいま、音楽を聴くことは不可能になったのだろうか。

聴くことは、データベースのなかからはやってこない。それはつねに、わたしたちのなかで起こるできごとだ。画面に表示される膨大なリストが、偶然を覆い隠してしまったいま、それでも僥倖《ぎょうこう》のようにやってくるかもしれない偶然を、必然として受けとめられるだけの〈飢餓〉を、〈欠如〉を、わたしがわたしの裡に持ち続けることは、簡単なことではない。

ミュージシャンが（かろうじて）いまでも作品単位としてもちいているアルバムという脈絡を信じること。かつて愛聴していたアルバムにB面の痕跡を認め、それを感じなおすこと。そして、曲の余韻が消え去ってから停止ボタンをクリックすること——。

音楽を見ることへのささやかな抵抗は、いつか訪れる〈出会い〉を受けとめるためのトレーニングのようなものかもしれない。

12 皮膚感覚について

小学生のころ、父からお古のカセット・テープレコーダーをもらった。録音と再生ができるだけのシンプルでポータブルなものだったが、それだけで子供のおもちゃとしてはじゅうぶんで、ずいぶんそれで遊んだ。中学になって音楽活動にのめりこむようになってからも、まだ使っていたような記憶があるが、小学生のころは自分で野球中継を録音するのがいちばんの楽しみだった。

夏休みに遊びに来た友達と高校野球の中継を観るのも好きだったが、そんなときはテレコを持ちだし、テレビの音声を消す。そして、一方がアナウンサー、他方が解説者になって、テレビに映っている野球のプレーをおもしろおかしく中継し、それを録音するのである。「東海大相模」という漢字が読めなかったりもして、「これは、トウカイオオズモウ、って読むんですかね。よくわかりませんね。解説のナカヤマさん*、わかりますか。そうですか、わかりませんか?　まあ、オオズモウでいいでしょう。この高校は相撲部も強いんですかね」などと適当に、でも口調だけはもっともらしく実況したものだ。

ひとしきり録音したら、それを再生する。こんどはラジオで野球中継を聴いている気持ちになって、それを聴くのである。自分たちのやりとりのおかしさや馬鹿馬鹿しさにゲラゲラ笑いころげながら、でもいっぽうで自分たちの声がメディアをとおして聞こえてくることの不思議を感じていた。録音を聴くと、自分が喋《しゃべ》っているのに、知らない人の声みたいに聞こえるものだが、それだけでなく、メディアをとおして自分を他人のように感覚することに、えも言われぬ魅力を感じていたのだと思う。

同じ時期、漫画を描くことにも凝っていたのだが、それもストーリーを考えたり、面白い絵を描くことよりも、最終的にホッチキスや糊《のり》を使って本というものをつくりあげることのほうがだいじで、むしろ本をつくるために漫画を書いていたような気がする。後年、出版社に入社して、配属先の上司から「なぜ本のページ数は8か16の倍数になるか知ってますか」と問われて、正確に答えることができたのも、小学生時代の漫画づくりの経験があったからだ。**

*当時の友達。ナカヤマくんは後述のマンガ本づくりの仲間でもあった。

**A5判の書籍の場合、A2判の紙の短辺どうしを合わせるようにして3回折ってAサイズにし、3辺を裁ち落とすと16ページの冊子ができる。それをいくつも束ねて糸でかがったり糊で固めて製本するので、書籍のページ数は16の倍数になることが多いのである。

デタラメな野球中継の録音を聴いたときの感覚と、漫画本ができあがったときの感覚には近いものがあった。「ぼくはこれが好きなんだ」と無条件に感じていたもの――それはやはり、「メディアをとおして自分を他人のように感覚すること」のおもしろさだったのだと思う。

◇　◇　◇

中学・高校でバンド活動をするようになってからも、その感覚はもちつづけていた。舞台上でギターを弾いたり、歌ったりするよりも、録音するほうが好きだった。あのころは中学生や高校生の小遣いでレコーディング・スタジオを借りたり、レコーディング用の機材を揃えたりなどできなかったから、いつも練習させてもらっていた浅井くん*の家の居間や、リハーサル・スタジオにラジカセを持ち込んで、一体感のある――といえばいいが、要はすべて聞き分けがつかないほどに潰《つぶ》れたひどい音質の録音を、帰ってから何度も何度も聴いて悦に入っていた。

バンドは社会人になってからもしばらく続けていたが、ちょうどDTM（デスクトップ・ミュージック）用の楽器や機材が普及しはじめ、素人でも専用機器やパソコンを使

＊浅井岳史くんはその後ニューヨークに渡ってジャズ・ピアニストになった。

えばそれなりのクオリティで音楽をつくることができるようになり、こちらも自由になるお金が増えたこともあって、いま思えばかなりの資金を投じて機材をそろえ、自作の録音に精を出すようになった。恥ずかしながら告白すれば、そのころは出版社で働きながら、いつかは作曲家になりたいと真剣に考えていたのである。

最近はあまり見ないオープンリール8トラックのレコーダーを回し、それなりに値のはるマイクをつかって録音してみるものの、なかなかプロ並みの録音とはいかない。とくにヴォーカルの録音に苦労した。ヘッドフォンで伴奏を聴きながら歌うのだが、あとで大きな音でスピーカーを鳴らして聴いてみると、歌っていたときの感覚とぜんぜん違って聞こえるのだ。簡単にいえば、ヘッドフォンをとおしてモニターしていたときのほうが、スピーカーで聴く録音より上手く聞こえる。もうすこし細かくいえば、ヘッドフォンをとおして耳だけで聴いていたときには満足できた音楽でも、スピーカーを鳴らして身体全体で聴いたとき、圧倒的に貧弱に感じてしまうのである。身体全体を満足させるだけの情報量を、その録音はもっていないということなのだろう。

◇　◇　◇

真剣に考えていたはずの音楽活動もあえなく停止して、さらに数年が経過し、仕事の上でも独立・起業という大転換を経験したのち、『アルテス』という雑誌を創刊することになったとき、「あのときの疑問をもういちど考えてみたい」という気持ちがめばえた。「季刊」と銘打ちながらもちっとも定期的に出たためしがなく四号で終わってしまったその雑誌の第二号では「Appleと音楽」と題して、アップル社のコンピュータや音楽配信ビジネスが音楽そのものにあたえた影響をさぐったのだが、それに続いて第三号では「録音」をとりあげることにした。

最初頭にあったのは、インターネット音楽配信が「イヤフォンやヘッドフォンで聴くことの主流化」をもたらしたのではないかという仮説である。じっさい家電量販店では、イヤフォン／ヘッドフォンのコーナーがどんどん大きくなり、それまでピュア・オーディオの世界にはいなかったような若者や女性が購買層の主力となりつつあった（現在でもその傾向は続いているようだ）。音響を響かせる空間を構築し、スピーカーやアンプにこだわって、その空間を豊かな音響で満たすというよりも、手っ取り早く耳から直接良い音を、まるでサプリメントを服《の》むように流しこみたい、という聴き手が増えているように感じ、それがインターネット音楽配信の普及と軌を一にしていると感じたのである。

スタッフと企画を進めていくうちに少しずつ方向性が変わって、「録音技術がどのように音楽することを変化させたのか」ということに特集の焦点が絞られていったため、けっきょくイヤフォン／ヘッドフォンで聴くか、スピーカーで聴くかという論点をとりあげることはできず、自分のなかでは、このテーマはまたもや持ち越しとなったのだが。

◇
◇
◇

それからまた数年が経ち、最近になって、またこの「イヤフォン／ヘッドフォン対スピーカー問題」を考えるようになった。きっかけは傳田光洋の論考*を読んだことだ。

太古、地球上に現れた「最も簡単な構造を持つ多細胞生物」は、脚と表皮、そしてその二つを区別する層状構造の三層からなり、「表皮は最古の『臓器』」といえるという。そして進化の過程で、「全身にばらまかれた感覚器が神経になり、それが増え絡まりあって神経網になり、やがてその一部が脳になった」——つまり、脳は皮膚から生まれたというのである。だから、「表皮には聴覚、視覚がある可能性も」**あるわけ

*傳田光洋『皮膚感覚と人間のこころ』〔新潮選書、2013年〕。
**いずれも同前、44頁。

である。

たとえば、山城祥二の名で芸能山城組を主宰する大橋力の研究によれば、インドネシアのガムランによって人々がトランス状態になるとき、耳に聞こえない高周波音がかれらの生理状態に影響をおよぼしており、このとき「高周波音が耳ではなく、体表で受容されている」*と考えられるという。

わたしの録音に足りなかったのは——それが高周波音だったのかどうかはわからないが——、耳で聴いても感じないが、皮膚で聴けばわかる、そんな微細な情報だったのだろう。

でも、それだけだろうか。

◇　◇　◇

自分の手で自分の肌をさわったときと、他人が自分の肌にふれたとき、どうしてあんなに違った感じをいだくのか。皮膚が感じる情報としては同一のもののはずなのに、一方はたんなる触覚的な刺激として受け止め、一方は恋人の愛撫のように強く官能を揺すぶられることがある。

＊傳田：前掲書、92頁。

◇外部からの刺激に対する一時的応答が「感覚」であり、「感覚」から得た情報の中枢神経系による解釈が「知覚」です。*

皮膚に触れたのが自分であれ他人であれ、感覚は同一であるけれども、それを中枢神経系が解釈して、「誰かが自分に触った」と知覚する。『感覚』が受動的な生理現象であるのに対し、『知覚』はあくまで能動的」なものである。人間の皮膚感覚においては、この感覚というインプットと知覚というアウトプットが同時に起こっている。

皮膚が受けた刺激を脳が解釈する——そう考えれば、あたりまえのことだが、前述のように「表皮は最古の『臓器』であり、表皮から脳が生まれたとすれば、表皮そのものが「知覚」の場となっていると考えたほうが自然だ。傳田は、トーマス・マンの『魔の山』**に登場する結核療養所の医師のことばを引用する——「皮膚というものはつまり、あなたの外脳です」***。

スピーカーとイヤフォン／ヘッドフォンの話にもどろう。スピーカーが振動して空気を鳴らす。その空気の振動がわたしの鼓膜だけでなく皮膚をもふるわせる。わたし

*傳田：前掲書、78頁。
**高橋義孝訳〔新潮文庫〕。
***傳田：前掲書、120頁。

は自分の中から発したものではなく、どこか他の場所から届いたものとして、その振動をうけとめる。イヤフォンやヘッドフォンの場合、音は直接鼓膜をふるわせ、脳に送りこまれる。それはわたしの中に響くものとして知覚される。

イヤフォン／ヘッドフォンにはまた、外界を遮断する機能もある。満員電車で音楽を聴く乗客、喫茶店で勉強しながら音楽を聴く学生、競技の順番を待ちながら音楽を聴くアスリートなどの姿を見れば、かれらが「外界の雑音を遮断してひとりになる」ためにイヤフォン／ヘッドフォンを使っていることはあきらかだ。

他人といっしょに音楽を楽しむときは、スピーカーから聴く。その空間を満たす空気の振動を、その場にいる全員が感ずる。もちろん、ひとりのときもある。しかしそのときにも、その空間に他者がいる可能性、いっしょに聴いている可能性をイメージすることはできる。〈あなた〉がここにいて、いっしょにこの音を聴いていたら、どう感ずるだろう——ふるえる空気を肌に感じながら、わたしはスピーカーから音楽を聴く。

レコーディングしながらヘッドフォンでモニターしていたときは良いと感じていたのに、スピーカーを鳴らして聴くと幻滅してしまう——それは、耳だけで聴いたときと身体全体で感じたときの情報量の差だけではなく、その空間でいっしょに聴いている他者をイメージしたときに、その他者を満足させられるだけのクオリティをこの音楽はもっていない、ということを、わたしが肌で感じたことを意味している。

皮膚という「外脳」がおこなうこの種の美的価値判断は、皮膚が外的環境と内的環境とを隔てる境界であるということからも、自己と他者という感覚をベースにしたものであることがわかる。「他者がこれをどう感ずるだろうか」――リベラリズムの淵源ともいえるこの想像力は、大脳皮質だけではもちえないものにちがいない。

◇　◇　◇

イヤフォン／ヘッドフォンからサプリメントのように体内に摂取される音楽は、インターネットの海から、自分のスマートフォンに流れ込んでくるＳＮＳの情報にもなぞらえられる。ＳＮＳからもたらされる情報は、多様性の衣をまといながらも、そのじつユーザーの嗜好や傾向にあわせてフィルタリングされている。ユーザーは感覚するだけで知覚する必要がない。それらは皮膚感覚による自他の知覚を経ず、まるで自分の頭が考えだしたことのように脳内に流れこむ。スマホの画面のなかでは自分にしか出会えないのである。

カセットテレコで録音したデタラメな野球中継や、画用紙を折りたたんで製本したマンガ本のなかに、小学生のわたしが見ようとしていたのは、そんな〈自分〉ではなかった。まぎれもなく自分がつくりだしたはずなのに、見覚えのない〈他者〉が顔を出す。その不思議の瞬間を、いまかいまかと待ちわびていたのだ。

終奏　Tempo giusto　正しい速さで

Tempo giusto

寺子屋のギタリスト

はじめに驚いたのは、その遅さだった。

二〇一九年六月二十八日に浜離宮朝日ホールでおこなわれたギタリスト荘村清志のデビュー五十周年記念リサイタル。曲はＪ・Ｓ・バッハ作曲《無伴奏チェロ組曲第六番》ニ長調。* 六つある組曲はいずれも舞曲の形式をもつが、そのなかでもこの第六番は、とくに民衆的な快活さにあふれた作品だ。異なる二弦で同音を続けて鳴らすことによるドライヴ感で開始を印象づける〈前奏曲〉の冒頭から、このテンポは……？

このリサイタルのひと月前にリリースされた荘村のＣＤ『シャコンヌ』にも、この作品は収録されている。五十年のキャリアにしてはじめてのバッハ・アルバム。そういえば、それを聴いたときも、遅めのテンポだとは思ったけれど、これほどではなかったような気がする。

*ギター編曲：スタンリー・イェイツ

8分の12拍子を構成する三つ×四拍の8分音符。同音を二つ繰り返し、三つめで跳躍、その跳躍が拍ごとに高くなって、いやがうえにも気分を高揚させる始まりだが、荘村はそのすべての8分音符をいつくしむように、すべてを十全に鳴らし切ろうとするように始める。

その演奏態度からこのテンポが導き出されているのか——どうもそれだけではない。歴史的な演奏習慣や作品との対峙から生まれた説得力はもちろんあるのだが、テンポそのものに、聴衆との交歓が表現されているように感じた。舞台と聴衆を包む空気のなかで、自然に選びとられたテンポ感。レコーディングにあたっていちど確立したはずの演奏解釈に固執することなく、聴衆との語らいを選びとるパフォーマーシップ。あたかも古典落語をやりながら、客に合わせて噺《はなし》を自在に変容させる落語家を思わせる。

いや、落語というよりも、「素読」ということばが浮かぶ。白くなった長い髪を後ろで結んだ荘村の風貌が、江戸時代の儒学者を思わせるからかもしれない。寺子屋で子どもたちに『論語』や『大学』を素読させる町儒者の風情。古典を一字一句ゆるがせにせず、しかしけっして一方的ではなく、「ここ、よく聴いておいてよ」とか「このくだり、たまらないでしょう」と聴衆＝筆子（生徒）の反応も感じつつ読み聞かせる趣だ。聴き手はさすがに、寺子屋のように先生の読んだ文章を復唱することはできないけれど、荘村は一音一音を聴き手に反芻《はんすう》させるかのように、ゆっくりていねいに音を紡いでいく。「ここ、大事なところだから」と強調するように奏でられたフレーズが、知らず識らず、わたしたちの記憶の抽斗《ひきだし》に収まっていく。

たまに、荘村の持ち味でもある甘美な音色に惹きつけられて、「意味」が飛んでしまい、響きに耽溺《たんでき》している自分に気づくこともある。さながら、先生の良い声に聞き惚れて、かんじんの学習がおろそかになってしまうかのごとく。それもまたよし、だ。古典を味読するしあわせはそういうところにもある。

◇ ◇ ◇

古典とは、あらためて、なんだろうか。

素読においては、「初学者であっても、難解な中国の古典にいきなり取り組むことができた」[*]。子どもたちに四書五経をいきなり読ませても、意味がわかるわけがないけれども、音としてリズムとして身体に染みこませることはできる。いや、意味を考えさせないからこそ、どんなにむずかしい内容でも、身体の抽斗に収まってくれる。

師匠は子どもたちの読む文字を木の棒でさし示しながら、音読させる。

◇文字をさし示して音読させることで、視覚と聴覚に注意を集中させ、意味を周到に抜き去っておく。それは意味という概念の定着する意識を透りぬけ、より深い無意識の層に、つまり身体性にまで沁みとおらせるメソッドであった。[**]

いま、出版界においても教育界においても、古典とか教養というのは、ひとつのブームといっていい。新元号の典拠として脚光をあびた『万葉集』しかり、『風立ちぬ』とか『君たちはどう生きるか』といった戦前の小説がアニメ映画になったりするのも、その流れに位置づけていいかもしれない。ビジネスの世界では、ひところのMBA取得のブームが去って、

*鶴ヶ谷真一『記憶の箱舟――または読書の変容』〔白水社、2019年〕40-41頁。
**同前、40頁。

美術や音楽などに通じた教養を身につけることがもてはやされるようになった。本書のなかでも、アルテスパブリッシングの社名にこめた「リベラルアーツ」への志向について書いた（第03篇）。

ここはしっかり立ち止まって、古典とはなにか、ということを腑《ふ》に落としておこう。

古典とはなにか世の中の役に立ったり、人生を生きやすくする助けになるものではかならずしもない。むしろその反対に、産み落とされて長い時間が経ったいまもなお、結論のでない未解決の問題として厳然と存在するもの、それが古典といえるかもしれない。それはわかりやすさ、有益さ、生きやすさなどとは対極にあるなにかだ。

十九世紀初頭の英国の詩人ジョン・キーツは、真の詩人に求められる能力として「ネガティヴ・ケイパビリティ *negative capability*」というものについて語った。「負の能力もしくは陰性能力」と訳されるこの能力は、「どうにも答えの出ない、どうにも対処しようのない事態に耐える能力」あるいは「性急に証明や理由を求めずに、不確実さや不思議さ、懐疑の中にいることができる能力」を意味する。*

*帚木蓬生『ネガティブ・ケイパビリティ——答えの出ない事態に耐える力』〔朝日新聞出版、2017年〕3頁。

つまり古典とは、無数の人々が長い時間をかけて考えつづけても結論のでない「謎」であり、「どうにも答えの出ない、どうにも対処しようのない事態に耐える能力」をもって向き合うよりしかたないものなのである。

そんなものと、われわれはなぜ向き合おうとするのだろうか。

◇人が森に在るときは、森もまた人に在る。〔……〕何か、互いの侵食作用で互いの輪郭が、少し、ぼやけてくるような、そういう個と個の垣根がなくなり、重なるような一瞬がある。生きていくために、そういう一瞬を必要とする人々がいる。人が森を出ても、人の中には森が残る。だんだんそれが減ってくる頃、そういう人々はまた森に帰りたくなるのだろう。自分の中に森を補填するために。*

自然との共生、自然への畏敬を書きつづけてきた小説家、梨木香歩のエッセイ集の一節だ。彼女にとっての〈森〉は、ここで書いてきた〈古典〉と重なる。なにかのために存在するものではない。しいていえば、「生きていくために」必要な、でもなぜ必要なのか自分にもわからないなにか。社会のなかで、時代のなかで生きているうちに、だんだん枯渇して

*梨木香歩『エストニア紀行――森の苔・庭の木漏れ日・海の葦』〔新潮文庫、2016年〕78-79頁。

いく根源的なエネルギーを賦活《ふかつ》させるために、ひとは森に、古典に戻ってくるのである。

◇　◇　◇

人々の目は、ギターを弾く荘村の姿を見すえていたけれど、その意識はちょうど三百年前のドイツで生まれた音楽そのものに向かっていた。ギタリストも聴衆も同じひとつの作品のほうを向き、幸福な三角形がかたちづくられる。両者にとって、同じように〈謎〉として厳然と存在する古典に、時間をかけて向き合い、ともに読み進めていく至福のひととき。

音楽が〈本〉になるとき——わたしがここまで語ろうとして語りきれずにいたのは、こういうことだったのかもしれない。

あなたとわたしと音楽と――あとがきにかえて

アルテスパブリッシングでは、二〇〇九年ごろから毎年、音楽大学の学生一、二名を迎えてインターンシップの実習をおこなっている。そんな縁もあってか六年ほど前から、ある私立音楽大学の評議員を務めるようになり、それ以来、教育ということを自分のテーマとして考えることが多くなった。

生き馬の目を抜く現在の就活市場とまるで縁のないわが社では、インターンに来てもらったからといって、採用につながるわけではない。というか、新卒採用そのものがないので、実習の内容は純粋に「出版業というものがどんなものかを経験してもらう」ことに尽きる。原稿に書かれていることの事実確認、簡単な原稿整理や校正といった編集業務から、書店や取次会社への営業に同行してもらったり、タイミングが合えば著者との打ち合わせやイベント、放送の収録などに立ち会ってもらったりもする。

平均二週間くらいの実習期間中、実習生とはいろいろな話をする。音楽大学に通っている学生たちだから、どんなテーマを追いかけているのか、いま練習している曲は何か、将来の目標は何なのか（出版社に入りたいという人はじつは少ない）、いままでに読んでおもしろかった本は何か（やはり、というべきか、ラノベとか小説が多く、いわゆる音楽書を読んでいる人はあまりいない）、趣味で聴く音楽は何か（Jポップが多い）、といったことを聞きだして、こちらも、なるべく興味をもってもらえるような仕事を考えたりするわけである。

そんななかで、最近気づいたことがある。「なぜ音楽をやろうと思ったの？」ということに、明快に答えられる学生があまりいないのだ。

もちろん、理由がなにもないわけではなく、たとえば、親が音楽の先生だった、子どものころからピアノをやっていた、中学で吹奏楽部に入っていたなど、いろんなことを答えてくれるし、こちらもそれほど深い答えをもとめているわけでもないから、それで話は終わってしまうのだが、微妙にもやもやした気持ちが残ることが多いのである。

じつは、大学の評議員会に出席しているときにも、同じようなことを感じることがある。評議員というのはようするに学校経営の御意見番みたいなものであるから、今年の受験者数は何人でそのうち何人が入学しました、授業料収入はこうなります、校舎の耐震化工事にこれくらいかかります、などなど、芸術の学び舎といえどその根幹をささえるのはこうした散文的なことどもなのだなと感慨をあたらしくするのだが、少子化の波はどこの大学にも押し寄せていて、ご多分に洩《も》れずわが大学でも、入学者をいかに獲得するかが最大のテーマである。

評議員は、大学の内部から選ばれている人もいるが、わたしたち外部から、いわゆる「学識経験者」として参加している評議員は、外からの客観的な目で大学を見て、経営について意見することをもとめられている。だから、たとえば「受験生をもっと増やすにはどうしたらいいか」などと問われると、いきおい「もっとＳＮＳを駆使して積極的な広報を」とか、「地域コミュニティと協力して音楽のアウトリーチを」とか、

「クラシックだけではなくジャズやミュージカルなどの分野で活躍している卒業生に協力してもらったら」といった一般的な視点からの意見を述べることになる。

もちろん、「やらないよりやったほうがいい」という意味でどれも正解なのだが、音楽大学――音楽を専門的に勉強する学び舎――に入ってくるひとたちの内的なモチベーションとは、ほんとうにそういうことなのか？　という疑問が自分のなかにいつもくすぶっているのを感じるのである。

わたし自身、父は無類の音楽好きで、母はもと学校の音楽教師。家にはいつも音楽が流れていて、中学のころからバンド活動を始め、高校からはそれと並行してコーラスにも熱中していたから、大学受験のときに音楽大学を選んでも周囲はあまり驚かなかったにちがいない。

でも、わたしは音楽大学を選ばず、インターンに来ている彼ら／彼女たちは音楽大学を選んだ――そのちがいはどこにあるのだろうか。

音大に入っても、音楽家として「食っていける」のは卒業生のほんのひとにぎり、それより一般の大学を出ておいたほうがツブシが効く――誰に聞いても、そんな答えが返ってくるにちがいない。

でも、そんなことは学生だってわかっているはずだ。たぶん、評議員会に出席している学識経験者でないほうの評議員――つまり大学の先生方――も、学識のほうの評議員の「建設的な」意見を聴きながら、「それはわかっているんだけどなあ」と思っていることだろう。

音楽の道に進むことを選んだ人たちには、何かが聞こえてしまったのではないか、と思うのである。

◇ ◇ ◇

喫茶店の厨房で従業員があやまってガラスのコップを落としたとする。「パリーン」あるいは「ガシャーン」という音が、鼓膜を鋭く刺激する。間髪を入れず、従業員は「失礼しましたーっ！」と叫ぶだろう。ガラスが割れる音は人を不快にさせるという共通認識があるからだ。

しかし、喫茶店に居合わせたひとりの作曲家がそれを聴いて、何かを強く感じる。彼は帰宅して、家にあるありったけのガラスのコップを持ち出してきて、次々に割りはじめるだろう。それを録音し、コンピューターにサンプリングして楽曲の素材にするかもしれない。

喫茶店の店員や客の多くは、ガラスの割れる音を不快な音として聴く。作曲家は同じ音に音楽的な価値を見いだす。そこにはどんなちがいがあるだろうか。

人はふつう、ガラスの割れる音を聴いたとたん、そこから「ガラスが割れた」という情報をうけとってしまい不快になるが、作曲家の耳は、割れたという情報よりも先に、その音「そのもの」を受け取ることができたのである。既存の価値観で意味づけられた情報としてではなく、まっさらな〈モノ〉として音響を受けとめる——それが作曲家のもつ音楽的才能なのだ。

音響を意味のない〈モノ〉として受けとめるだけなら、人間じゃなくてコンピューターみたいなものじゃないか、という人もいるかもしれない。たしかにコンピューターは音響を取り込んでも、そこに意味を感じることはないだろう。でも、ある種のすぐれた感覚をもつ人間は、ふつうの人と同じ音を聴いても、まったくちがった〈価値〉をそこにあたえることができるのだ。音楽家にとって聴くことは受け身の行為ではなく、すぐれて積極的な創造行為なのである。

そして、彼ら音楽家は、自分が見つけた／創造した新しい価値を、うまく語ることができないだろう。なぜなら、それは対象から既存の意味あることばを消し去った、まっさらな〈モノ〉としての音に向き合うことでしか聞こえてこないものだからだ。その価値を知ろうとするなら、われわれもまた虚心坦懐に〈モノ〉としての音に耳を澄ますしかない。

音楽が好きなことと、音楽を専門的に勉強しようと思うこととのあいだに横たわる、果てしない懸隔。その深い淵をこえて、音楽の道に進もうと決意させるもの——それは、自分にはそれがわかるという感覚だろう。

普通の人間のことばには翻訳できないけれど、その〈モノ〉に向き合えば、そこから聞こえてくる〈ことば〉がわかる。その〈モノ〉のもっている価値がわかる。持って生まれた才能なのか、修行のすえに獲得された技術なのかわからないが、とにかくその「わかる」という感覚を体験してしまった人は、それ以外の道に進むことができなくなる。

彼らが／彼女たちが「なぜ音楽の道に進もうと思ったのか」と問われて、自分の置かれた環境や体験について語ってしまったり、はたと考えこんで失語症のようになってしまったりするのは、その〈感覚〉を普通の人間のことばで考えたことがなかったからだろう。ある意味、生きることそのものと同じ階層に、その感覚はあって、それをことばにすることは、「あなたはなぜ生きているのですか」という問いに答えることと同じくらい、むずかしいことなのではないだろうか。

音楽家としてキャリアを重ねていくと、しだいにその「翻訳不可能性」にも慣れてくる。「この音楽のどこに魅力を感じますか?」「作曲家は何を考えてこの曲をつくったと思いますか?」――そんな問いにたいして彼は〈人間のことば〉で答えることをおぼえてくる。「この楽章は、当時作曲家が抱えていた健康上の苦悩を表しているのだと思います」「最後の和音はそこから垣間見えた一縷《いちる》の希望です」――彼は嘘をついているわけではない。でも、その音楽に向き合って見えてくる風景、その音楽をとおして生きることの体験――それらを自分が感じたとおりに理解してもらうことを、彼ら／彼女たちはあらかじめあきらめているだろう。

では、彼ら／彼女たちとわたしたち普通の音楽好きが、音楽について語り合うことはできないのだろうか。

できる――とわたしは考えている。彼ら／彼女たちに正面から向き合って語り合おうとするのではなく、彼ら／彼女たちが向き合っている〈モノ〉にともに向き合うこと、ともに同じ方向を向いて歩むこと――〈音楽〉と〈あなた〉と〈わたし〉とがかたちづくる三角形が、わたしたちのコミュニケーションをささえてくれるだろう。

正面から対話するのではなく、それぞれが〈個〉として、ひとつの

〈モノ〉について語り、おたがいの語りを共感をもって受けとめること。そのいとなみを〈読む〉と言い換えてもいいのではないだろうか。それは音楽家と聴衆のあいだにだけ必要なことではない。人と人とのあいだにコミュニケーションが可能だとすれば、それは〈読む〉というあり方でしか、本来的には実現しないものなのではないだろうか。

対面型のコミュニケーションが決定的に不全をきたしはじめている現代において、音楽をはじめとするアートの専門教育は、〈個〉と〈個〉とがより深い階層においてつながるオルタナティヴなコミュニケーションの可能性をもたらすものとして、もっと着目されてよいと思う。

◇　◇　◇

二〇一七年四月、アルテスは創業十周年を迎えた。十周年を記念して「ＡＲＴＥＳフレンズ＆サポーター」と名づけて支援をつのることになり、登録者へのインセンティヴの一環として、「ＡＲＴＥＳフレンズ＆

サポーター通信」というメルマガを月一回、配信することになった。

夏葉社代表・島田潤一郎さんの「子どもたちとサツマイモ」、音楽学者・上尾信也さんの「楽器の社会史」、装丁家・桂川潤さんの「漱石とブックデザイン」、会計会社プラスグラフ代表・福島隆嗣さんの「クリエイターのための経営とお金の話」、エッセイスト・三宮麻由子さんの「三宮麻由子の楽書探訪」と、なかにはすでに連載終了したものもあるが、なかなか充実したラインナップのなかに、アルテスのもうひとりの代表・鈴木茂とともにわたしもエッセイを寄せることになった。

はじめは月一回、二年目からは鈴木と代わりばんこに隔月で、現在も連載継続中のエッセイが、本書のもとになった「music・book・education」である。*まず、第一回から第一二回までの十二本、つまり最初の一年分を骨子として並べ、その後に書いた数本のうちから三本を選んで「序奏」「間奏」「終奏」として、本全体を縁どるように配置した。

音楽と本と教育——いまの自分の関心領域を形成する三角形と、これまで縷々《るる》語ってきた〈あなた〉と〈わたし〉と対象となる〈音楽／本〉がかたちづくる三角形とが交錯して、この本を成り立たせている。

*本書を出版することになり、書名を『音楽が本になるとき』に決めたのち、それに合わせて連載タイトルも「音楽が本になるとき」に変更した。

一九八八年に出版社に就職して、音楽書籍の編集をなりわいとするようになってから、三十年以上の歳月が経過した。音楽が好きで読書が好きという、ただそれだけの理由で飛びこんだ音楽書の世界だが、いつも考えつづけていたのは、「人はなぜ音楽について語ろうとするのだろう」「人はなぜ音楽についての本を読むのだろう」ということだった。ある意味、音楽書編集者のレゾンデートルにかかわるこれらの根源的な問いに、不完全ではあれ、ひとつの答えを書き残すことができたのではないかと思っている。

◇　◇　◇

連載を始めるまえから、ゆくゆくは一冊の本にしたいというわたしの思いを受けとめ、毎月配信されるメルマガを読んでは、いつも的確で前向きな応援のメッセージをくださった小尾章子さんに感謝したい。

本づくりにあたっては、木立の文庫代表の津田敏之さんにたいへんお世話になった。出版社を創業したばかりの忙しく不安な時期に、このような性格のはっきりしない本の出版を決意し、ていねいな編集をほどこしてくださった。ありがとうございます。

自分の書いた文章が、本としてかたちを与えられていく過程は、編集者として日々体験していることなのに、すこぶる刺激的な体験だった。異世界への扉のように不思議な佇まいの造本を創案された装丁家・上野かおるさん、視覚よりも触覚、皮膚感覚を刺激する装画を描き下ろしてくださった美術家・槙倫子さんに、心からの敬意と謝意を伝えたい。

いつも仕事中に、細かい話からいきなり的外れな大風呂敷をひろげるわたしの音楽論やメディア論に、あきれながらも付き合ってくれたアルテスの仲間たちにも感謝を。音楽と本に囲まれる日々の職場こそが、この本が生まれる揺籃の場となった。

家族にも心からの御礼を言いたい。全員血液型が違い、そのせいかそれぞれ個性も価値観もまるで異なる四人家族が、それぞれの夢や目標に向けて右往左往するさまは、どたばた喜劇のようでもありながら、異文化コミュニケーションの見本のようでもあり、まず家族に理解してもらえるように書かなければという思いが、原稿に一定の形式をあたえてくれた。

最後に、わたしに音楽と本の素晴らしさを教えてくれた両親に、満腔の思いとともにこの本を捧げたい。

著者紹介

木村 元（きむら・げん）

書籍編集者。株式会社アルテスパブリッシング代表。

1964年、京都生まれ。上智大学文学部哲学科卒業。

1988-2007年、株式会社音楽之友社で音楽書籍の企画・編集に従事。

2007年、独立して株式会社アルテスパブリッシングを創業、代表取締役に就任。

桜美林大学リベラルアーツ学群非常勤講師、国立音楽大学評議員。

著書に『音楽のような本がつくりたい——編集者は何に耳をすましているのか』〔木立の文庫、2021〕。

kodachi no bunko

音《おん》楽《がく》が本《ほん》になるとき

聴《き》くこと・読《よ》むこと・語《かた》らうこと

2020年5月10日　初版第1刷印刷
2020年5月20日　初版第1刷発行
2022年6月20日　初版第4刷発行

著　者　木村 元
発行者　津田敏之
発行所　株式会社 木立の文庫
〒600-8449　京都市下京区新町通松原下る富永町107-1
telephone 075-585-5277　facsimile 075-320-3664
https://kodachino.co.jp/

装幀画　槙　倫子
造　本　上野かおる
DTP　東　浩美

印刷製本　亜細亜印刷株式会社

ISBN 978-4-909862-10-5 C1073